Cultivar plantas mediterráneas en casa y el jardín

Sumario

Características de las plantas mediterráneas

Las plantas de las vacaciones para todos

Esta obra está destinada a la vez a los jardineros de climas templados y también al creciente número de aficionados a las plantas mediterráneas.

Estas especies se pueden dejar crecer en macetas, en las terrazas y los balcones, tanto como en el jardín.

Los gustos en materia de jardinería evolucionan constantemente, pero en realidad, la inclinación por un tipo de plantas o por un estilo de jardín conoce un rebrote cíclico, desde el momento en que el jardín privado ha tomado un giro hacia lo ornamental.

Estos últimos años las corrientes han sido muy diversas, pero las plantas mediterráneas, en especial, han cobrado un protagonismo sin precedentes, que, por supuesto, se anuncia duradero.

Cuando llega la primavera, más de un consumidor cae bajo el encanto de una buganvilla, un callistemon o un hibisco. Meses después, inmersos en la monotonía de la vuelta a las actividades cotidianas tras el periodo estival y con los primeros fríos del otoño, somos muchos los que buscamos el consuelo de un pequeño cítrico, de una palmera o de una mimosa, a la espera de que lleguen las próximas vacaciones al sol, aparentemente tan lejanas.

Para prolongar esta pequeña historia de amor, es necesario conseguir que estas plantas resulten accesibles y ayudar a los jardineros aficionados a perfeccionar sus conocimientos, porque todas estas bellezas desconocidas a menudo nos dejan perplejos y uno se priva de disfrutarlas por simple ignorancia. Demasiadas veces también, las hermosas macetas en flor ofrecidas en las tiendas de jardinería son tratadas como simples plantas de consumo, con una duración limitada. Sin embargo, merecen más, y con algunos cuidados encuentran de forma natural el camino hacia el jardín o la terraza.

Verdaderas y falsas mediterráneas

Para delimitar mejor las necesidades de una planta y saber cómo utilizarla, conocer su origen geográfico tiene su importancia. Entre la multitud de plantas llamadas «mediterráneas», es necesario distinguir en primer lugar las nativas de la cuenca mediterránea.

Pertenecen a la flora espontánea, una de las más ricas. El olivo, la lavanda, la adelfa o el romero están entre ellas. Se pueden asociar con especies llegadas de regiones remotas y bien aclimatadas.

China nos ha dado el níspero, el albaricoquero, los cítricos y un gran número de arbustos. El almendro viene de Rusia, la feijoa de Brasil. La lista de todos los préstamos de flores exóticas es realmente larga.

Por último, algunas especies han mantenido ciertas exigencias, sobre todo con respecto al frío, y un ciclo fisiológico propios de su país de origen. Sin embargo, se adaptan bien a nuestras zonas templadas. Participan de la decoración de nuestros jardines, pero reclaman un poco más de atención. Las mimosas, del hemisferio Sur, la casi totalidad de las palmeras, los arbustos y las plantas de flores variadas forman parte de esta amplia categoría.

Plantas mediterráneas, ¿en qué zonas?

El clima estrictamente mediterráneo se caracteriza por una alternancia de inviernos templados y veranos cálidos y secos. Las primaveras son relativamente cortas y los otoños suaves. En verano, las verdaderas plantas mediterráneas están en profundo reposo vegetativo, como lo están las plantas de los climas continentales en invierno. Es fácil deducir las necesidades particulares: evitar los riegos abundantes para las jaras o los romeros en verano, reducir los aportes de agua al mínimo para un cerezo en invierno, etc. Este clima, y el tipo de jardinería que se deriva de él, afectan el perímetro mediterráneo.

Sin embargo, en el lenguaje corriente, todos los climas templados se incluyen ya dentro de la denominación de clima mediterráneo. En efecto, sí es posible cultivar una gran parte de las plantas utilizadas en la costa mediterránea en cualquier zona donde las condiciones climáticas sean suaves.

Las plantas de clima templado han encontrado otros terrenos para vivir, incluso en muchos lugares sometidos a la influencia de un microclima. En las zonas intermedias, situadas en el límite térmico, pueden cultivarse en el suelo o en maceta si se protegen durante el invierno. En cualquier otra parte, es preferible cultivarlas en maceta, que necesariamente deberá ponerse a cubierto en octubre, durante los meses de invierno.

Saber comprar

Para afrontar la demanda creciente y someterse a los imperativos de la distribución, los productores han adaptado los modos de cultivo de algunas plantas hasta cambiarlas radicalmente.

En el momento de la compra, es importante distinguir una planta que ha crecido en vivero de la misma especie producida según métodos hortícolas, que afectan claramente a un gran número de arbustos de flor.

Solanum rantonnetii

¿Reconocer la calidad de una planta hortícola?
Saque la planta de su maceta; generalmente está cultivada en turbia rubia casi pura. Observe los entrenudos, es decir, la distancia entre dos niveles de hojas; si son anormalmente cortos, la planta se ha hecho enana de forma artificial.
Este *Solanum rantonnetii* es un ejemplo de ello. Después de unos meses de cultivo «normal», recuperará su crecimiento natural. Fíjese en que su follaje es verde oscuro, lustroso, parecido al de una planta de interior.

Las plantas hortícolas

Una planta que se ha desarrollado según técnicas hortícolas está destinada a llegar a los estantes de las tiendas con su mejor forma. Para ser exacto, con su mejor apariencia, lo que es muy diferente. Ha sido mimada durante meses al calor de un invernadero, alimentada continuamente con abonos, tratada con regularidad contra los parásitos y las enfermedades, recortada varias veces o tratada con frecuencia con sustancias para reducir su tamaño, para darle ese característico porte tan compacto y ramificado. Para prolongar la vitalidad de estas plantas, el comprador debe tomar el relevo y desterrar la idea, bastante frecuente, de que son ejemplares con un futuro limitado.

Conviene saber: tenga en cuenta que un contenedor puede ser el espacio definitivo para el crecimiento de un planta o bien un espacio transitorio.
En el primer caso, una planta joven ha crecido en el contenedor para dar el pequeño arbusto de la imagen superior. En el segundo, la planta se cultiva en el campo, y es arrancada y colocada en un contenedor el tiempo necesario para que produzca raíces sólidas. El desarrollo de este bello olivo no se ha producido enteramente en contenedor.

Las plantas de vivero

Una planta de vivero se produce en el exterior o bajo una cubierta ligera, en contenedor o en el suelo, a un ritmo más próximo al que determinan los cambios de estación.

A menudo no tan bonitas para el neófito, son la mejor inversión para el jardinero, porque son más robustas.

¿Dónde y cuándo comprar?

Si vive en una zona de clima templado, tendrá el problema de qué escoger, tanto respecto a los proveedores como a la gama de plantas y variedades. En otras zonas, acuda a los garden, a los viveristas y horticultores, todos ofrecen plantas mediterráneas.

En otoño y sobre todo en primavera, las ferias de plantas son numerosas. Si las visita, podrá completar su agenda con el nombre de viveristas especializados, muy competentes. Casi todos practican ya la venta por correspondencia y podrán enviarle las plantas ausentes en los puestos.

La primavera y el otoño son las estaciones en las que solemos hacer la mayor parte de nuestras compras. Sin embargo, no se olvide del resto del año, y sobre todo de los finales de estación, pues en estas épocas podrá encontrar a precios interesantes restos de lotes de plantas que han pasado el verano en maceta, en general las más robustas.

¿Cómo escoger la planta adecuada?

Aparte de la elección del género y la especie, lo cual depende del gusto personal, no olvide hacer algunas reflexiones previas.

· **Considere el tamaño definitivo de la planta y su destino en el jardín.** Cuando se cultivan en maceta, las plantas fuertes más que crecer se mantienen. Compre al mismo tiempo una planta de buenas dimensiones y su correspondiente contenedor. A la hora de elegir un bonito cítrico o una bella palmera en maceta debe pensarse en su tamaño y su forma definitivos.

· **Algunas especies deben ser obligatoriamente injertadas, incluso si se cultivan en maceta:** los cítricos preferentemente, los frutales en general, y las mimosas muy particularmente.

· **Aprenda a reconocer de forma «intuitiva» las plantas resistentes a la sequía:** poseen hojas cerosas, gruesas, o reducidas a agujas, vellosas, y a menudo plateadas.

· **Para el jardín, utilice lo más posible plantas autóctonas:** son menos sensibles a los parásitos, no necesitan tanta agua y reclaman menos cuidados.

· **Para las composiciones, asocie las plantas que tengan las mismas demandas:** necesidad de agua, resistencia al frío, a las brumas, al viento...

· **No escoja una planta sólo por el criterio de la altura:** a igual altura, algunas plantas están «ahiladas» y otras bien ramificadas y bien estructuradas. Éste suele ser el caso de las adelfas.

· **Desconfíe de los «falsos grandes ejemplares».** Para ganar tiempo en su cultivo, algunos viveristas reúnen tres arbustos pequeños en una misma maceta para hacer uno grande. Esté atento en particular a las adelfas y los pitosporos.

· **En el momento de la compra, saque con cuidado las plantas de su maceta para comprobar el estado de sus raíces.** Deben estar repartidas regularmente por todo el contorno y el fondo del contenedor, signo de que el trasplante no ha sido demasiado reciente, y no estar enmarañadas, lo cual quiere decir que los ejemplares han pasado demasiado tiempo en la maceta.

· **Compre plantas sanas.** Es un verdadero problema traer parásitos a casa. Observe el envés de las hojas para descubrir la presencia de las cochinillas de las cycas, los cítricos y el olivo; búsquelas en el interior de las palmas en las palmeras.

Sacuda con delicadeza las lantanas y los abutilones para constatar la presencia de moscas blancas. Observe los pies de los romeros, las lavandas y las santolinas, a menudo demasiado regados, por si comienzan a pudrirse.

En verano, evite la presencia de *Metcalfa pruinosa (véase* página 64), una plaga reciente, presente en las ramas de todos los arbustos.

Los cuidados después de la compra

Las plantas se cultivan en macetas para que lleguen a buen puerto a los lugares de venta. Pero a usted le corresponde prodigarles atentos cuidados para asegurarles el futuro.

El trasplante, ¿por qué hacerlo?

Si piensa cultivar las plantas en maceta, o si prefiere aplazar la plantación un año, tenga en cuenta que deberá trasplantarlas en el plazo de unos días o unas semanas. Fíjese en el sustrato de cultivo presente en el contenedor en el momento de la compra.

Si piensa cultivar las plantas en maceta o si prefiere aplazar su plantación, será necesario hacer un trasplante.

• Casi todas las plantas pequeñas se cultivan en un sustrato muy rico en turba rubia, cuando no se utiliza pura. Este soporte es ideal para favorecer un enraizamiento homogéneo y de calidad, pero se seca rápidamente y no es fácil rehidratarlo. Además, carece de elementos nutritivos, por lo que los productores aportan abono con regularidad. Reconocerá fácilmente la turba por su aspecto fibroso, ligero y embebido de agua como una esponja escurrida. En este sustrato suelen presentarse todos los arbustos de flor: hibiscos, abutilones, buganvillas...

• Los arbustos de tamaño medio, ofrecidos en contenedores de 7 a 20 litros, a veces se colocan en un sustrato que contiene pequeños elementos blancos, semejantes a grava. Mire más de cerca, tienen la textura de la piedra pómez. Su función es atrapar y restituir algunos iones nutritivos. Su presencia indica que el cultivo está adaptado al aporte de abono.

• Algunos tipos de plantas son importados de países próximos. Su tierra de origen es, a menudo, de calidad mediocre. La identificará por su textura arcillosa, su color ocre y, sobre todo, por el peso de las plantas. Es

El otoño es, sin duda, la mejor época para plantar árboles y arbustos.

La primavera es también una buena estación para la mayoría de las especies.

el caso de los cítricos de tamaño medio, los olivos, las palmeras y las plantas exóticas como las yucas, las pitas...

• Por último, puede suceder que el productor haya utilizado una buena tierra de cultivo, pero que ésta haya agotado sus elementos nutritivos una vez que el ejemplar ha llegado al punto de venta.

La plantación en el jardín

También puede comprar plantas para ponerlas directamente en la tierra. El cultivo en contenedor ha alargado el periodo de plantación prácticamente a todo el año, pero el otoño sigue siendo el mejor momento para plantar árboles y arbustos: comienzan su instalación en un suelo aún caliente, dormirán durante el invierno y se pondrán de nuevo en marcha en primavera.

El comienzo de la primavera es también una buena estación para la mayoría de las especies porque en esta época las plantas cultivadas salen de su letargo para empezar un nuevo crecimiento. Espere mejor a finales de mayo para plantar las palmeras: en el calor del verano encuentran mejores condiciones para producir raíces numerosas y fuertes.

Sacar adelante las plantas mediterráneas

El frío es el enemigo número uno del cultivo de especies mediterráneas. Algunos gestos sencillos permiten salvar esta dificultad, sin olvidar, sin embargo, otros pequeños cuidados de mantenimiento clásicos.

Conviene saber: las plantas cultivadas en invernadero o bajo abrigo son más frágiles que los ejemplares crecidos al aire libre. Antes de plantarlas a pleno sol, mantenga las macetas en media sombra entre 2 y 3 semanas, para endurecerlas; de lo contrario, podrían sufrir por el cambio brusco.

Prevenir los ataques del frío

La clave del éxito se debe para muchos a la comprensión del factor «frío»: ¿cómo apreciar la resistencia al frío de una especie y cómo protegerla de los rigores del clima? Conocer la respuesta a estas dos cuestiones le permitirá orientar su elección hacia la planta adecuada y la mejor forma de cultivo, según la zona en que viva. Es normal, y muy práctico, ilustrar la rusticidad de las plantas de climas templados relacionándolas con las zonas climáticas de la Península. En las fichas de la segunda parte de este libro, encontrará a menudo esta mención.

Zona de rusticidad 9. Se considera que las especies de esta zona toleran cortas exposiciones a temperaturas entre -1 °C y -7 °C.

Zona de rusticidad 8. Las especies de esta zona soportan valores negativos pasajeros entre -7 °C y -12 °C.

Pero la apreciación del frío es más sutil. Los valores indicados y los que se constatan no son absolutos: es imposible pretender que una planta resista a -10 °C, como se diría de un tren que llegara a las 9 h 13 min o de una mesa que midiera 1,20 m. Numerosos factores hacen variar este valor a la baja y a la alta, y a menudo, algunos grados de diferencia son determinantes, tanto en un sentido como en otro.

Los factores agravantes

- En invierno, el viento amplifica los daños: en el plano fisiológico, -5 °C con viento equivale a - 8 o -10 °C sin viento.
- Hay que tener en cuenta la duración del frío: una exposición larga causa más daños.
- El momento en el que hace frío también importa: si sucede al final de la noche, la planta tendrá todo el día para volver a calentarse.
- Una planta en pleno crecimiento estará más expuesta.
- La amplitud térmica entre mínima y máxima es capital...

Los aliados contra el frío

- Busque las exposiciones protegidas de corrientes de aire.
- Un muro refleja el calor almacenado durante el día y lo restituye a la planta colocada bajo su protección.
- Saque provecho de los numerosos microclimas. Basta una esquina del muro, un seto, un desnivel del terreno, para hacer variar las condiciones climáticas en un lugar determinado. Es lo que se denomina un microclima.
- Cubra el terreno con estiércol caliente: aporta 2 o 3 preciosos grados al nivel de las raíces.
- Utilice protecciones para las plantas y las macetas: mallas protectoras, fundas, manguitos...
- Cierre las palmeras atando las palmas entre sí.

Lograr la multiplicación

Es lógico que las plantas mediterráneas le resulten muy atractivas y que desee multiplicarlas para admirarlas usted mismo y para poder regalarlas a sus vecinos o amigos. Pero algunas son de una lentitud desalentadora o requieren un modo de multiplicación particular.

Deje al profesional las siembras de palmeras, el injerto de frutales o de mimosas y la multiplicación de los olivos, pero disfrute multiplicando las plantas con flor y los arbustos.

El método más sencillo es el esqueje.

El esqueje herbáceo

Hágalo en primavera, con brotes tiernos de abutilones, lantanas, euryops, orejas de león *(Leonotis)*...

El esqueje herbáceo

Como para un geranio, saque un esqueje sano de 10 a 15 cm.

Quite las hojas de la base; reduzca la superficie de las hojas restantes a la mitad, para hojas anchas. Reboce la base en hormonas de enraizamiento.

Repique en un sustrato ligero, mitad mantillo, mitad turba rubia. Mantenga la humedad y espere con paciencia algunas semanas para el enraizamiento.

El esqueje semileñoso

Saque esquejes de 15 cm de las ramas semileñosas, es decir, ligeramente coriáceas, cortando bajo un nudo.

Reboce en hormonas de enraizamiento.

Repique en un mantillo para esquejes y conserve la tierra húmeda. Póngalo en media sombra. En unas semanas, obtendrá jóvenes plantas enraizadas listas para el trasplante.

El esqueje semileñoso

A mitad del verano, multiplique así todos los arbustos leñosos: hibiscos, callistemon, buganvillas, romeros y trepadoras.

Todas las claves del cultivo en maceta

El cultivo en maceta que se resguarda en invierno es la única solución para el aficionado a las plantas mediterráneas que trabaja en un jardín ubicado en una zona demasiado fría para estas especies. En cualquier otra parte, es también otra forma de jardinería, que permite desplazar las plantas a voluntad a las terrazas y los balcones. Saque provecho de esta posibilidad para variar la decoración y los ambientes. Este método de cultivo requiere ciertas prácticas específicas, algunas de las cuales difieren de las de la jardinería en plena tierra. Tendrá que observar las reglas para obtener buenos resultados.

Los soportes de cultivo

Al estar limitado el volumen de cultivo al de la maceta, tendrá que vigilar la naturaleza del sustrato y preparar una buena mezcla, sin escatimar en la calidad del mantillo. Puede comprar un sustrato en el comercio (algunas marcas ofrecen uno «Terrazas y balcones») o prepararlo usted mismo.

- La mezcla más apropiada debe retener el agua, y para ello debe contener de 15 a 20% de turba rubia o de turba de esfagno.
- Debe favorecer un buen enraizamiento homogéneo y permitir que las raíces se aireen. Por tanto, deberá incorporarle de 10 a 15% de elementos gruesos, como puzolana, grava o cortezas de pino trituradas.
- Debe ser una mezcla nutritiva: de ello se encargan la tierra vegetal o el mantillo, que deben constituir la mayor parte del volumen, y también las materias orgánicas aportadas bajo forma de estiércol de caballo, de bovino o de abono orgánico de algas (de 10 a 15%).

Casi todas las plantas mediterráneas se pueden cultivar en esta mezcla estándar. Sin embargo, algunas especies crecen mejor en un suelo ácido (mimosa, grevillea, madroño...). Incorpore entonces de 15 a 30% de tierra de brezo a la mezcla.

Las prácticas correctas

La planta se va a desarrollar en este medio nutritivo. Por lo tanto, lo va a ir agotando poco a poco y usted tendrá que renovar las reservas de alimento: por medio del trasplante al comienzo de la primavera en un gran número de plantas; mediante aportes regulares de abono, y a través de la sustitución de la tierra en ejemplares de gran tamaño o en plantas destinadas a permanecer varios años en grandes macetas.

El abono

De forma general, añada un abono para arbustos de flor, pero opte por formulaciones específicas para los cítricos y los frutales. Utilice abonos de liberación lenta, en forma de bastoncillos o de granulados aglomerados en conos, de marzo a septiembre. Riegue los arbustos de follaje (pitosporo, platanera, palmeras...) cada 2 o 3 semanas con un abono líquido universal. Suspenda los aportes en invierno.

La sustitución de la tierra

Es bueno sustituir la tierra una vez al año, al comienzo de la primavera, en especies que se trasplantan cada 2 a 5 años, como lo cítricos, los grandes arbustos o los olivos. Para ello, arañe con delicadeza la superficie del sustrato, saque los primeros centímetros de tierra vieja, con cuidado para no dañar las raíces superficiales, y remplácela por una mezcla nueva.

La dosis adecuada...

No espere a que la tierra de sus plantas se seque completamente porque siempre es más difícil rehidratarla que regarla con regularidad. Y destierre esa idea falsa que se refiere a las plantas mediterráneas: no confunda «gustar» y «soportar». A las plantas les gustan poco los periodos de sequía, con algunas excepciones, como las suculentas y los cactus. Además, aunque numerosas especies soportan la sequía y los suelos pobres, se desarrollan mucho mejor si disponen de agua y una tierra fértil. Observe, por ejemplo, las adelfas en las dos situaciones, la diferencia salta a la vista.

En cambio, las plantas mediterráneas temen, en general, los excesos de agua. Riegue poco pero con regularidad y evite las bandejas de reserva de agua.

Un truco para hacer un trasplante cómodo
No intente manipular las macetas grandes y pesadas porque podría hacerse daño. Es preferible que trasplante sus plantas voluminosas a un contenedor de plástico corriente, y tape los «empalmes» del sustrato con cortezas de pino. A continuación, coloque el contenedor en un macetero bonito de buen tamaño: en cualquier momento, podrá cambiar de planta para transformar la decoración de un ambiente.

El riego

El riego es una de las claves del cultivo en maceta de las plantas mediterráneas, por dos razones fundamentales: este método de cultivo impone una vigilancia más regular que el cultivo en plena tierra, y, por otro lado, algunas especies tienen exigencias características ligadas a su particular ciclo fisiológico.

Conviene saber: pase una esponja por el grifo para empaparla de agua. Escúrrala todo lo que pueda. Estará simplemente húmeda en todo su volumen. Para aportar la dosis adecuada de agua a un sustrato, debe tener, permanentemente, el mismo grado de imbibición que una esponja escurrida. Es así de sencillo.

...en el momento adecuado

Riegue todos los días durante el periodo de crecimiento, es decir, de febrero-marzo a septiembre-octubre. Durante los periodos de reposo, mantenga únicamente la humedad y deje que se seque un poco el sustrato entre dos aportes de agua. Siga estos consejos en invierno, pero también en pleno verano para las plantas verdaderamente mediterráneas. En efecto, en su región de origen, el calor de julio y agosto es tan fuerte que entran en una dormancia estival a la espera de que la temperatura se suavice a comienzos de septiembre. Los riegos demasiado abundantes durante estos dos meses sólo hacen que las plantas se pudran. Esta parada vegetativa afecta a la mayoría de los pequeños arbustos aromáticos: lavandas, romeros, santolinas, jaras...

Utilice agua desmineralizada para las pulverizaciones.

La calidad del agua

El agua del grifo tiene suficiente calidad para el riego, pero con algunas especies deberá evitar las aguas demasiado duras, ricas en cal. En este caso, ponga el agua a hervir para eliminar la cal, o recupere el agua de lluvia, si tiene la suerte de vivir en una zona poco contaminada. En algunos momentos del año, el agua del grifo está sensiblemente más clorada. Si es así, déjela reposar en una regadera con dos puñados de cortezas de pino durante una noche.

La pulverización

Las plantas mediterráneas están habituadas al aire seco y cálido. Sin embargo, en verano, en el particular clima de las terrazas, la pulverización puede resultar útil para conservar el bello aspecto de algunos follajes (bananera, beloperone, cítricos, solanos...).

Vaporice agua clara, no calcárea, para evitar manchar las hojas, preferiblemente al final del día.

Sin embargo, que las hojas estén ligeramente quemadas por el sol no incidirá sobre el buen estado general de la planta.

La poda

La poda es una operación necesaria tanto para los arbustos que crecen en plena tierra como para las plantas cultivadas en maceta.

Permite mantener una silueta equilibrada y armonizar el volumen de la planta con el de su contenedor.

Algunas especies se utilizan por su forma y por el aspecto decorativo de su follaje; su floración suele ser ignorada (laurel, pitosporo...). En periodo de crecimiento, despunte en tres ocasiones los jóvenes brotes de 3 a 5 cm para fortalecer la planta.

Sin embargo, el interés decorativo de la mayoría de las plantas mediterráneas reside en sus flores. No tarde en podarlas para no correr el riesgo de comprometer la floración de la estación siguiente.

Los arbustos de floración estival, como la adelfa, deben ser recortados como muy tarde al principio de la primavera, cuando haya desaparecido ya el riesgo de heladas. Si tiene la posibilidad de pasar las plantas en maceta a un ambiente protegido del hielo, le interesa podarlas a finales del otoño y dejarlas en reposo.

Los arbustos que florecen en primavera, como las grevilleas, los romeros, los callistemon..., tienen que ser podados como muy tarde en septiembre, antes de la llegada del frío, para que estén perfectos en primavera.

En casi todos los casos, se puede hacer una poda severa.

Quite de un tercio a la mitad de la longitud de los tallos, suprima las ramas que se crucen, corte la madera muerta y airee el centro del arbusto.

Cada 3 o 4 años, tendrá que reformar algunas plantas. Haga una poda severa, es decir, corte al ras del suelo los arbustos pequeños, y a 20-30 cm los ejemplares medianos.

Buena costumbre: pasada la floración, realice una poda ligera de mantenimiento para prolongar la vida de las plantas en maceta. Las lavandas, los romeros, las santolinas saldrán ganando, porque podados sobre madera vieja rebrotan mal.

Árboles y arbustos

Abutilón

Abutilon megapotamicum. Syn.: *Corynabutilon*

Origen: Brasil, Uruguay. **Rusticidad:** zona 9. **Periodo de floración:** finales de marzo a septiembre. **Altura:** 0,50 a 2 m.

Descripción: arbusto perenne, de anchas hojas dentadas y tallos delgados, que puede sobrepasar los 2 m de altura. Sus curiosas flores en forma de campanas colgantes muestran un cáliz rojo granate que sostiene pétalos de color amarillo azufre, en corola apenas entreabierta.
Cuidados: estas plantas frioleras necesitan una exposición a pleno sol y un suelo rico y bien drenado.
Utilización: aislado o en macizo. Los abutilones se presentan en distintas variedades, como 'Variegatum', de hojas variegadas, marcadas de amarillo en mosaico. Además, existen numerosos híbridos de colores cálidos, cuyas flores colgantes son más grandes y se abren antes. 'Ashford Red', rojo granate, o 'Canary Bird', amarillo luminoso, aportan un toque de luz.
Cultivo en maceta: todos los abutilones se comportan bien en maceta, en un lugar soleado y al abrigo del viento. Los riegos deben ser regulares.

Mi consejo
En plantas pequeñas, tutore las ramas frágiles y reduzca la vegetación a la mitad al llegar el invierno.

Adelfa

Nerium oleander

Origen: cuenca mediterránea. **Rusticidad:** -4 a -12 °C. **Periodo de floración:** mayo a octubre. **Altura:** 1 a 4 m.

Descripción: son arbustos perennes y generosos: los coloridos y los matices a disposición de los jardineros van del blanco puro al amarillo, pasando por todos los rosas, rojos, albaricoques

Adelfa 'Tito Poggi'

Adelfa 'Géant des batailles'

y salmón. Las flores son sencillas, semi-dobles o dobles, y algunas raras variedades despliegan un follaje variegado.

Cuidados: al contrario de lo que se suele creer, a la adelfa no le gusta la sequía, como mucho la soporta. Es una planta que se siente feliz con los pies en el agua y la cabeza al sol. También es una leyenda que se desarrolle mejor en terrenos pobres, porque el arbusto es tanto más vigoroso cuanto más rico y fértil es el suelo en el que crece. Todos los años, en marzo, pode las adelfas para asegurar una forma armoniosa. Suprima la madera muerta y las ramas viejas, y airee el centro del arbusto. Recorte las demás ramas hasta un tercio o hasta la mitad, sin retrasar el calendario de trabajos para no comprometer la floración del año.

Utilización: aisladas o en seto, las adelfas producen siempre un efecto hermoso. Es primordial identificar bien las variedades para crear setos homogéneos o, por el contrario, hacer combinaciones armoniosas. El surtido de adelfas arbustivas es amplio, y la elección depende del gusto personal. Entre ellas podemos citar: 'Commandant Bathélémy', 'Professeur Granel', 'Janoch', para las rojas; 'Splendens Giganteum', 'Louis Pouget', 'Rosa Bartolini', para las rosas. Entre las de color salmón opte por 'Provence', y elija 'Tito Poggi' para las albaricoque. Las blancas están bien representadas por 'Mont Blanc' y 'Album Maximum', y las amarillas por 'Luteum Plenum' y 'Marie Gambetta'.

En los macizos, plante variedades de poco desarrollo: 'Angiolo Pucci', 'Papa Gambetta', 'Minouche', 'Mrs. Roeding', 'Petite Salmon' o 'Hardy Red', por ejemplo.

Cultivo en maceta: el cultivo en contenedor debe hacerse en recipientes de al menos 80 cm de lado. Algunas variedades enanas están bien adaptadas al cultivo en macetas de dimensiones más pequeñas: 'Petite Salmon', 'Little Red', 'Petite Pink'... Cultive en una mezcla de mantillo y de tierra de jardín en proporciones iguales. Entre dos trasplantes, espaciados 2 o 3 años, haga sustituciones de tierra con frecuencia. Vigile los ataques de cochinillas negras en el reverso de las hojas.

➤ CONVIENE SABER: *todas las partes de la planta son tóxicas. En otro tiempo se la llamaba «mata el asno», porque una veintena de gramos bastaban para hacer pasar a mejor vida al pobre animal.*

Mi consejo

Riegue siempre en el pie de la planta, sin salpicar las hojas, para limitar la propagación de enfermedades.

Beloperone

Corazón, lúpulo de interior
Justicia brandegeana. Syn.: *Beloperone guttata, Drejerella guttata*

Origen: México. **Rusticidad:** zona 9, pero soporta cortas heladas a -3 °C. **Periodo de floración:** marzo a octubre. Todo el año en el interior. **Altura:** 1 a 2 m.

Descripción: pequeño arbusto perenne, denso, de porte flexible y ligeramente extendido. Su originalidad radica en su floración: las pequeñas flores tubulares blancas son bastante insignificantes, pero las brácteas de color rojo a rosa salmón, presentes en la base y dispuestas en largas espigas colgantes, recuerdan a las colas curvadas y articuladas de las gambas.

Flores de beloperone

Cuidados: esta planta necesita tener los pies en un terreno fresco; prospera en media sombra o a pleno sol y se desarrolla preferentemente en un suelo ligeramente ácido. Protéjala de los vientos fuertes porque sus tallos son frágiles.
Utilización: es ideal para decorar un ángulo de muro bien soleado.
Cultivo en maceta: si la cultiva en maceta, evite los ambientes demasiado secos de interiores y trasplántela cada primavera. Utilice un tiesto de 30 a 40 cm de diámetro al menos, y añada un cuarto de tierra de brezo al mantillo para trasplantar.

Mi consejo

En primavera, reduzca a la mitad la longitud de las ramas para contener su desarrollo, porque tiene tendencia a extenderse demasiado y quedarse desnuda en la base.

Louis-Antoine de Bougainville es uno de los hombres significativos del siglo XVII: diplomático, matemático, escritor, militar y, sobre todo, navegante, su *Viaje alrededor del Mundo* le hizo pasar a la posteridad.

En el curso de una escala en Brasil, en Río de Janeiro, en 1767, el botánico de la expedición, Philibert Commerson, observó una magnífica liana de impresionantes colores. Commerson decidió dedicar esta especie al jefe de la expedición, el conde de Bougainville.

Flor de buganvilla

Buganvilla

Bougainvillea spp.

Origen: América del Sur, tropical y subtropical. **Rusticidad:** zona 9. **Periodo de floración:** abril a octubre. **Altura:** 3 a 5 m.

Descripción: estas lianas se desarrollan en largas ramificaciones provistas de temibles espinas. Al principio tiernas y carnosas, se vuelven rápidamente muy coriáceas y adquieren un vigor extraordinario. Las hojas perennes pueden llegar a ser caducas si reciben un pequeño golpe de frío o en caso de fuerte sequía.

Al contrario de lo que parece, la floración pasa desapercibida. En efecto, las verdaderas flores son los pequeños tubos blanco-crema, tan discretas que apenas se ven. En cambio, los fuegos artificiales de coloridos tornasolados se deben a las amplias brácteas coloreadas.

Cuidados: coloque las buganvillas a pleno sol, sobre una fachada abrigada, en un rincón del

Buganvilla en maceta

muro, al abrigo del viento que estropea las hojas.
Riegue con regularidad en verano.
Utilización: su generosa vegetación cubre rápidamente grandes extensiones; en efecto, las buganvillas tienen pocas competidoras para vestir con elegancia fachadas, pérgolas y rejas, aportando un toque de exotismo. La buganvilla roja traída en el siglo XVII es, sin duda, *B. spectabilis*. Pero la mayoría de los colores que se ofrecen en el mercado son variedades de *B. glabra*. La más común, *B.* x *sanderiana*, violeta, es también la más resistente al frío (-4 °C). Permite aventurarse fuera de la zona 9, con algunas protecciones contra el frío. En el sur, forma setos medianos y muy densos. Las demás variedades (naranja, blanco, salmón, rosa y de follaje variegado) rara vez se encuentran en el mercado, pero todas presentan una menor rusticidad (evite el hielo).

Cultivo en maceta: si se cultivan en maceta, las buganvillas deber ser tutoradas, pero también se pueden recortar en bola, e incluso formar bonsáis.
Trasplante cada 3 o 4 años únicamente.
Para el cultivo en pequeños contenedores, busque la variedad enana 'Thai Mini', de curioso porte.

Mi consejo

La buganvilla ofrece una floración más abundante cuando sufre por falta de agua. Por este motivo, conviene suspender los riegos hasta la caída de las hojas (puede hacerlo en cualquier momento durante el periodo vegetativo, de marzo a septiembre); luego retome los aportes regulares de agua enriquecida con abono para plantas de flor, en dosis de 1 g/l.

Brugmansia

Brugmansia spp. Syn.: *Datura*

Origen: América del Sur, norte de los Andes. **Rusticidad:** zona 9. **Periodo de floración:** marzo a octubre. **Altura:** 1 a 3 m.

Descripción: las brugmansias forman grandes arbustos, incluso pequeños árboles en sus tierras de origen. Sus hojas son perennes a semiperennes, blandas, y su porte flexible acompaña a las flores colgantes en grandes trompetas simples, semi-dobles o dobles, de 25 a 40 cm de longitud. **Cuidados:** se desarrollan bien en un suelo rico, drenado y ligero, trabajado en profundidad (al menos 80 cm) durante la plantación. Situadas a pleno sol y en un lugar abrigado del viento, alcanzan rápidamente una gran envergadura. **Utilización:** la brugmansia se debe aislar para destacar su porte amplio y equilibrado, y su generosa floración. Para una cascada de flores, escoja *B. versicolor* y sus flores de más de 45 cm, o *B. sanguinea,* de trompetas rojo anaranjado veteadas de amarillo. Apueste por el amarillo pálido de *B. aurea* o el blanco puro de *B.* x *candida,* especialmente su forma 'Plena', de flores dobles, que exhalan un perfume dulzón al caer la tarde. **Cultivo en maceta:** utilice un gran tiesto de aproximadamente 70 cm de diámetro. Trasplante cada 2 años a un mantillo enriquecido con 10 a 15% de fertilizante orgánico.

➤ CONVIENE SABER: *¡atención!, todas las partes de la planta son venenosas.*

Caesalpinia

Caesalpinia gilliesii. Syn.: *Poinciana gilliesii*

Origen: Argentina y Uruguay. **Rusticidad:** zona 8. **Periodo de floración:** junio a septiembre. **Altura:** 2 a 3 m.

Descripción: este pequeño arbusto se reconoce por su silueta un tanto frágil, estructurada por ramas delgadas y ligeramente tortuosas. Este armazón sostiene finas hojas caducas, compuestas por numerosos foliolos, formando un ramaje aéreo. Al comienzo del verano, la planta produce grandes racimos erectos compuestos de flores amarillas, erizadas de largos estambres escarlata, que producen un bello efecto.
Cuidados: necesita mucha luz y sol para florecer bien, aunque se adapta a una sombra tamizada. Prefiere los suelos ligeros y arenosos.
Utilización: póngalo aislado para destacar su originalidad. Vista su pie con plantas trepadoras de flor, como el bidens, las verbenas híbridas o *Lantana sellowiana.* No lo confunda con *C. pulcherrima,* de exigencias climáticas tropicales.
Cultivo en maceta: elija grandes recipientes, de 80 cm de lado, y un mantillo rico. En la terraza, protéjala de las corrientes de aire.

Mi consejo
A finales del invierno, recorte las ramas a la mitad para estructurar la silueta.

Callistemon

Limpiatubos. *Callistemon* spp.

Origen: Australia. **Rusticidad:** -2 a -8 °C. **Periodo de floración:** marzo a octubre. Todo el año para algunas variedades. **Altura:** 1 a 3 m.

Descripción: estos arbustos tienen hojas perennes coriáceas, lanceoladas, y desarrollan una vegetación densa. Al envejecer, su madera se vuelve nudosa, como la de los arbustos de garriga. Su floración ilustra perfectamente el nombre de limpiatubos. En efecto, las pequeñas flores, por lo general rojas, dispuestas en espigas densas, se prolongan en grandes estambres, y las inflorescencias cilíndricas de 8 a 12 cm de longitud imitan, como dos gotas de agua, la forma de los cepillos.

Cuidados: estas plantas, habituadas a las condiciones de las zonas áridas de Australia, saben soportar situaciones duras. Toleran muy bien la sequía y los suelos relativamente pobres. Sin embargo, en un terreno fresco y rico, su vegetación y su floración se vuelven espectaculares. En cualquier caso, coloque el callistemon a pleno sol y al abrigo de los vientos fríos.

Utilización: su vigor se puede aprovechar para formar setos densos, de 2 a 3 m de altura. Use este arbusto como fondo de composición para estructurar los macizos y las rocallas. El callistemon más fácil de encontrar en las tiendas de jardinería es *C. laevis,* porque su floración rojo intenso se manifiesta cuatro o cinco veces al año. No se prive, sin embargo, de otras variedades, como *C. viminalis* 'Captain Cook', un arbusto de 2,5 m de porte flexible, o *C. viminalis* 'Pendula', de porte llorón. *C. viminalis* 'Little John' muestra pequeñas escobillas rojo granate, realzadas por el extremo de los estambres, de color oro. Este callistemon de 1 m a 1,5 m se aconseja para pequeños setos separadores y macizos, y para su cultivo en maceta.

Cultivo en maceta: puede cultivar todos los callistemon en maceta, en terrazas y balcones, en tiestos de al menos 40 cm de diámetro. Póngales un sustrato rico y vigile la regularidad de los riegos, salvo en invierno: en la estación fría un riego a la semana es suficiente.

Suprima un tercio de la vegetación a finales del invierno para conservar su forma, y practique una poda severa, quitando dos tercios de la vegetación, si las plantas se deben regenerar.

Mi consejo

Algunas especies son resistentes al frío pasajero y merecen tenerse en cuenta. Es el caso de C. violaceus, C. acuminatus *o* C. pityoides.

Candillera

Phlomis fruticosa

Origen: sur de Europa. **Rusticidad:** -10 °C.
Periodo de floración: marzo-abril.
Altura: 0,60 a 1 m.

Descripción: toma de forma natural un porte redondeado y más que crecer, se extiende. Sus hojas son grandes, algodonosas y perennes. Su tonalidad gris-verde resalta bien las pequeñas flores amarillo vivo, agrupadas en grandes glomérulos de algunos centímetros de diámetro.
Cuidados: la candillera es un arbolillo de sequía que crece a pleno sol y soporta bien las brumas. Es necesario podarlo a la mitad en otoño o al final del invierno para mantener su porte.
Utilización: plántela en segundo plano en macizos de flor o destáquela aislada. Combina admirablemente con la piedra, así que se puede adornar las escaleras o los muretes con una generosa mata. Asóciela con un pie de artemisa plateada *(Artemisia* 'Powis Castle') y una mata de *Melianthus major* para formar una pequeña composición de clima seco.
Cultivo en maceta: se planta en grandes macetas (20 litros al menos) para admirar las perfectas matas bien formadas y bien equilibradas. Un mantillo universal es suficiente. Los inviernos suaves, la planta puede permanecer fuera, podada a la mitad.

Casia

Cassia corymbosa

Origen: Argentina. **Rusticidad:** zona 9.
Periodo de floración: mayo a octubre.
Altura: 2 a 3 m.

Descripción: es un arbusto de porte erecto y rígido, perenne o caduco según la exposición, de hojas lanceoladas, compuestas, de un verde intenso. Florece en racimos flojos de un bello color amarillo, muy luminosos, renovados sin cesar.
Cuidados: es poco exigente respecto a la naturaleza del suelo y se contenta incluso con tierras relativamente pobres y secas. En invierno, pode la mitad del ramaje para destacar su forma. Corte muy corto, a 20 cm del suelo, cada 3 años.
Utilización: plántelo aislado, en macizos o en seto libre, para aportar un toque de luz. Aunque prospera en la zona 9, *C. corymbosa* soporta cortas exposiciones a un frío de -8 a -10 °C. Existe un híbrido corriente, *C.* x *floribunda,* más flexible de aspecto, pero menos resistente (-5 °C).
Cultivo en maceta: la casia es siempre menos espectacular en maceta que en tierra libre. Con regularidad hay que aportar abono y pinzarla para obtener una silueta equilibrada. En verano, se puede encontrar otra casia muy decorativa, *C. didymobotrya,* de grandes racimos erectos que huelen un poco a cacahuete, pero atención, se hiela con facilidad y debe resguardarse obligatoriamente en invierno.

Cestrum

Cestrum spp.

Origen: América del Sur, América central y Antillas. **Rusticidad:** zona 9. **Periodo de floración:** primavera u otoño, según las especies. **Altura:** 1,5 a 2 m.

Descripción: estos arbustos tienen un follaje perenne o caduco. Sus largas hojas verde oscuro realzan bien las llamativas flores tubulares.
Cuidados: les gusta el calor y el sol, pero necesitan un suelo fresco y rico, ligero y bien drenado, y riegos regulares, sobre todo en pleno verano. Su porte desordenado debe rectificarse con una poda severa después de la floración.
Utilización: plántelos en macizos, que se deben mantener bajos, o déjelos crecer en arbustos como fondo de decoración. Para macizos elija *C. aurantiacum,* que tiene una tendencia natural a desplegarse. Para conseguir mayor vigor, plante *C. elegans,* que puede alcanzar 3 m de altura, con flores rojas desde el final del verano al comienzo del invierno. Por último, el galán de noche, *C. nocturnum,* destaca por su perfume dulzón y mareante al caer la tarde.
Cultivo en maceta: los cestrum tienen un porte caído, y en maceta tienen tendencia a desparramarse por todas partes. Píncelos regularmente tras la floración para equilibrarlos. Mantenga el sustrato húmedo, pero sin exceso de agua. Vigile los ataques de los pulgones.

Drácena

Cordyline indivisa. Syn.: *Dracaena indivisa*

Origen: Nueva Zelanda. **Rusticidad:** -10 a -12 °C. **Periodo de floración:** marzo a mayo. **Altura:** 4 a 5 m.

Descripción: esta planta se eleva sobre un tronco alto, de algunos metros. En el extremo, una o varias rosetas de grandes hojas verdes en cinta caen de forma flexible. Las pequeñas flores blanco-crema, con fuerte perfume a miel, están reunidas en grandes racimos espumosos.
Cuidados: en las buenas tierras de jardín, y situadas al sol, las drácenas tienen un crecimiento rápido. Riegue en abundancia, pero deje que el suelo reabsorba el agua, porque temen las acumulaciones de agua.
Utilización: con una relación volumen/precio interesante, las drácenas aportan un toque exótico de efecto garantizado. Póngalas en un césped bien cuidado o en taludes de rocallas secas. Forme una decoración cambiante con palmeras, formios y pitas. Combine la forma púrpura, *C. australis* 'Atropurpurea', con la verde.
Cultivo en maceta: desde la compra, trasplante la drácena a una maceta dos veces más grande; podrá pasar allí varios años, con aportes de abono orgánico cuando sustituya la tierra, al comienzo de la primavera y finales del verano. Riegue en abundancia y deje secar entre dos riegos.

Dulcámara perenne

Solanum rantonnetii

Origen: Paraguay. **Rusticidad:** -10 °C. **Periodo de floración:** junio a octubre. **Altura:** 1 a 2 m.

Descripción: especie de follaje semiperenne, ramificada, de amplio porte, con ramas flexibles y un poco lloronas si no se cortan regularmente. Las flores, azul oscuro tirando a índigo, tapan el follaje en el punto álgido de la floración.
Cuidados: soporta la sequía pero prefiere riegos regulares y un suelo rico. Pode en febrero suprimiendo un tercio de la vegetación. Acolche el pie a finales de octubre, porque un frío de -5 °C destruye el follaje. Hasta -10 °C el arbusto rebrota de la cepa.
Utilización: este arbusto se puede plantar aislado, como fondo de decoración o asociado en setos compuestos. Únalo a un callistemon, una lantana y una casia.
Cultivo en maceta: trasplante la dulcámara perenne justo después de la compra a una maceta de 30 cm de diámetro con mantillo universal. Añada abono para plantas de flor cada 15 días, hasta el final de la floración. Pódela a la mitad en noviembre, no riegue más que una vez por semana y protéjala hasta la primavera siguiente.

Mi consejo
La variedad 'Royal Robe' tiene la floración más intensa, sus flores son casi violetas.

Echium

Echium fastuosum. Syn.: *E. candidans*

Origen: Madeira. **Rusticidad:** zona 9. **Periodo de floración:** marzo-abril. **Altura:** 1 a 1,5 m.

Descripción: esta planta de madera blanda y porosa forma una perfecta mata redondeada, más ancha que alta, una vez desarrollada. Sus grandes hojas lanceoladas, grisáceas, son un poco ásperas y le dan un aire casi repelente. Su atractivo radica en su floración, en grandes espigas de color azul lavanda a azul violáceo, de hasta 30 o 40 cm, que se elevan erectas y rígidas.
Cuidados: reclama suelos bien drenados y un aporte de abono orgánico en el pie a finales del otoño. Pode ligeramente una vez al año, quitando entre un cuarto y un tercio de la longitud de las ramas, de lo contrario la planta envejece prematuramente sobre una gruesa madera.
Utilización: sitúe esta especie en rocallas, por encima de muretes de piedra, o para acompañar una escalera, reservándole el papel principal de la composición paisajística.
Cultivo en maceta: las plantas jóvenes florecen en pequeñas macetas de 20 cm de diámetro, pero para crear un efecto más sorprendente, cultívelas en grandes contenedores de al menos 30 litros, o en grandes jardineras.

➤ CONVIENE SABER: *en otra época se obtenía del echium un medicamento contra la mordedura de serpiente.*

Euryops

Euryops spp.

Origen: África austral. **Rusticidad:** zona 8. **Periodo de floración:** todo el año, con una interrupción en verano. **Altura:** 0,80 a 1,20 m.

Descripción: arbusto de porte redondeado, con una silueta fácil de mantener. De crecimiento rápido, es una de las plantas más interesantes para el jardín de climas suaves por la longevidad de su floración: fuera de los fuertes calores del verano, está cubierta permanentemente por una miríada de pequeñas margaritas de color amarillo vivo.

Cuidados: al euryops le gustan las tierras de jardín clásicas y bien drenadas. Soporta la sequía, pero aprecia los riegos regulares, e incluso abundantes. Un buen acolchado le permite pasar el verano y las podas ligeras mantienen su porte.

Utilización: este arbusto es una de las piezas maestras en los macizos de flores. Escoger entre las dos especies más comunes depende del gusto de cada cual; unos prefieren el follaje de color verde luminoso de *E. abrotanifolius;* otros, sin embargo, se decantan por la elegancia plateada de *E. pectinatus.*

Cultivo en maceta: el cultivo en maceta es muy fácil. Escoja un simple mantillo universal y aporte con regularidad un abono para plantas de flor. Pince o haga una poda ligera para evitar que se quede desnudo.

Grevillea

Grevillea

Grevillea spp.

Origen: Australia, para la mayoría de las especies. **Rusticidad:** zona 8, pero algunas pueden helarse. **Periodo de floración:** entre finales de enero y finales de septiembre, según las especies. **Altura:** 1,5 a 4 m.

Estos originales arbustos llegados del hemisferio Sur han tenido una entrada destacada en nuestros jardines en los últimos 15 años. El género agrupa a más de 250 especies y casi se puede garantizar que en los próximos años numerosas especies y variedades más vendrán a enriquecer la oferta actual. He aquí información suficiente para comenzar una pequeña colección y, por tanto, para disfrutar del jardín.

Descripción: las grevilleas que podemos encontrar son básicamente arbustos perennes de

1 a 3 m. Sus hojas, de forma variable, a menudo son finas, más o menos recortadas o en agujas. De color verde franco o más claro, glauco o plateado, en ocasiones algodonoso, el follaje muestra diversos aspectos. En cambio, la forma característica de las inflorescencias permite establecer lazos de parentesco entre las especies. Las flores están agrupadas en espigas, notables por la longitud de los estilos, curvados en horquilla, luego enderezados. El aspecto carnoso de las inflorescencias está reforzado por sus tonos cálidos: los matices de los rojos son muy variados, aterciopelado, granate, carmín..., los naranjas son vivos y luminosos, los rosas siempre intensos.
Cuidados: un suelo seco, ligero y poco calcáreo es ideal para las grevilleas; si es ligeramente ácido, todavía mejor. Expuestas a pleno sol, estas plantas prosperan gracias a sus poderosas raíces. Pódelas ligeramente después de la floración para conservar una vegetación compacta.
Utilización: para darles relieve, aísle las grevilleas en las rocallas, los pequeños ambientes secos del jardín, y decore con ellas los muretes. Cambie el aspecto de los setos bajos y medianos con *G. juniperina,* de finas agujas, o *G. rosmarinifolia,* las dos especies más comunes. Como tapizante o para hacer bajar las borduras, utilice *G. lanigera* 'Mount Tamboritha', de porte rastrero. Añada elegancia con *G. banksii,* más difícil de encontrar, y en maceta pruebe a cultivar G. 'Robyn Gordon', ligeramente colgante.
Cultivo en maceta: desde la compra, trasplante a una gran maceta de 30 cm de profundidad, con una mezcla de mantillo universal (2/3) y tierra de brezo (1/3).
Realice numerosos agujeros en el fondo del contenedor para conseguir un drenaje correcto. Trasplante todos los años.

➤ CONVIENE SABER: *si por casualidad lo encuentra, compre un pie de* G. robusta. *Admire las enormes inflorescencias de color naranja de este gran árbol (8 a 10 m), y dé las gracias a su viverista.*

Hibisco

Rosa de China. *Hibiscus rosa-sinensis*

Origen: océano Índico. **Rusticidad:** zona 9.
Periodo de floración: marzo a octubre.
Altura: 1 a 3 m.

Descripción: los hibiscos de apartamento son clásicos en las secciones de plantas de interior de los centros de jardinería. En las regiones de clima suave, son plantas de jardín y se desarrollan

Hibisco rojo

como arbustos más bien vigorosos y amplios. Las hojas anchas, brillantes, dentadas o recortadas forman un bonito marco de color verde intenso que realza las grandes flores de anchas corolas que nos traen a la memoria lugares remotos, de vacaciones, y pequeños paraísos terrestres. Los híbridos son numerosos y la paleta de colores, muy amplia.

Cuidados: el hibisco requiere mucho calor, e incluso sol directo, un suelo rico y fresco, y una exposición al abrigo del viento.

Utilización: colóquelo aislado para que destaque, en un rincón o al fondo del macizo.

En el comercio, es raro ver *H. rosa-sinensis* bien identificado, o simplemente con su nombre. Por tanto, fíjese en el color de la flor a la hora de elegir. En los tonos rojos, opte por 'Brisbane', 'Mollie Cummings' o 'Red Robyn'.

En los rosas, 'Charles September' y 'Mrs. George Davis', los dos con flores dobles, son buenas variedades. Rebusque para encontrar las formas blancas, amarillas y todos los matices de las bicolores, como 'Annie Wood', de flores albaricoque con centro rojo. Haga un esfuerzo para ver si consigue *H. schizopetalus,* con pétalos laciniados de bello efecto.

Cultivo en maceta: la rosa de China se comporta muy bien en macetas de dimensiones medias (30 a 50 cm de diámetro). Al comienzo de la primavera, cuando haya pasado el riesgo de heladas, pode las ramas a la mitad y airee el centro de la planta. Incorpore un abono rico en potasio hasta el nacimiento de las primeras yemas florales.

Trasplante todos los años o haga una buena sustitución de tierra al final del invierno. Puede comprar el hibisco formado en un tronco para cultivarlo en bonitas macetas de barro cocido.

Mi consejo

Pode, como muy tarde, antes de marzo, porque las flores aparecen sobre la madera del año.

Iochroma

Iochroma cyanea

Origen: América central, América del Sur. **Rusticidad:** zona 9, hasta -1 °C. **Periodo de floración:** junio a octubre. **Altura:** 1,5 a 2 m.

Descripción: pequeño arbusto semi-desplegado, perenne en su lugar de origen y siempre que esté en una ambiente cálido; se considera como semi-perenne o caduco, según las zonas de plantación. Sus hojas verdes y algodonosas son ligeramente grisáceas por el reverso. Las flores estivales, tubulares, violetas se agrupan en pequeños racimos colgantes.

Cuidados: le gusta un suelo rico y fresco, una exposición abrigada y los rayos directos del sol. En estas condiciones, su crecimiento es rápido y su floración generosa. En invierno, por debajo de 8 °C, las hojas se caen, pero en cualquier caso, necesita una poda severa al final del invierno para retomar una forma armoniosa.

Utilización: dada su discreción, se emplea en macizos compuestos o en asociación con tres o cuatro arbustos de flor.

Cultivo en maceta: muy exigente, reclama un mantillo enriquecido con un 10% de abono a base de algas, desde el trasplante, y aportes regulares de abono para plantas de flor en el riego. Pode a la mitad a finales del invierno. Trasplante al comienzo de la primavera todos los años.

➤ CONVIENE SABER: *busque igualmente* I. grandiflora, *de flores azul violáceo, e* I. coccinea, *de floración rojo anaranjado.*

Lantana

Lantana spp.

Origen: América del Sur, África del Sur. **Rusticidad:** zona 9. **Periodo de floración:** todo el año en el sur. **Altura:** 1 a 2 m.

Descripción: las lantanas forman parte de las plantas predilectas del jardín mediterráneo por su floración continua durante una gran parte del año, que se puede incluso prolongar durante el invierno, si es suave. Estos pequeños arbustos perennes poseen hojas rugosas, verde intenso, que exhalan un perfume un poco agrio. La floración se manifiesta por una gran cantidad de pequeñas flores en trompeta, reunidas en inflorescencias hemisféricas de 2 a 3 cm de diámetro. Las flores situadas en la periferia son las primeras en abrirse y cambian de color a medida que avanza la floración. La sucesión de tonos sobre un mismo racimo proporciona un efecto tornasolado, más aún cuando los matices son luminosos.

Cuidados: prefieren los suelos ricos, bien drenados, y los riegos regulares. Soportan, sin embargo, sequías pasajeras, incluso pronunciadas. Riéguelas todos los días, salvo en periodo de reposo (en invierno) y en pleno verano; en estas épocas, un riego a la semana es suficiente. Colóquelas en buena exposición, a pleno sol.
Utilización: las numerosas variedades de *L. camara* aportan un agradable toque de luz a los macizos y las rocallas. Se recomienda plantarlas en amplias superficies para constituir grandes composiciones de color y suaves curvas. Alterne los matices rojos de 'Radiation', 'Cochenille' y 'Brasier' con los amarillos puros de 'Mine d'Or' y 'Drap d'Or'; suavice con los blancos de 'Avalanche' y 'Snowflake', y los rosas de 'Feston rose', 'Calypso' o 'Confetti'.
Algunas lantanas tienen un porte extendido y una gran envergadura. *L. camara* 'Carpet,' naranja o amarillo, y *L. camara* 'New Gold' son útiles para rematar los macizos de flor en pendiente suave. Por último, otras trepan claramente por muros de piedra, grandes tinajas de barro cocido o se enroscan a ras del suelo. Se trata de *L. sellowiana* (syn. *L. montevidensis),* de la que existe una forma violeta, otra blanca y algunas que mezclan ambos matices.
Cultivo en maceta: a las lantanas no les gustan los ambientes cerrados de los interiores; sáquelas desde que el riesgo de helada haya pasado. Tenga cuidado también con la falta de agua. Añada un abono para plantas de flor a partir de agosto, para la segunda floración. Aunque no suelen sufrir ataques importantes de parásitos, vigile las plagas de moscas blancas en los cultivos en invernadero o a cubierto.

➤ CONVIENE SABER: *las lantanas crecen tan fácilmente que en África del Norte y en Australia son consideradas como una mala hierba.*

Laurel

Laurus nobilis

Origen: cuenca mediterránea. **Rusticidad:** -8 a -10 °C. **Periodo de floración:** marzo-abril. **Altura:** 5 a 12 m.

Descripción: en estado natural, el laurel se desarrolla en forma de gran arbusto de forma cónica. Su follaje perenne de grandes hojas coriáceas -brillantes y aromáticas- le proporciona toda su elegancia.
Cuidados: es un arbusto exigente al que le gustan los suelos fértiles y drenados, y una exposición a pleno sol o eventualmente a media sombra. Por otro lado, tolera bien los ambientes de los jardines al borde del mar.
Utilización: en otro tiempo, servía para formar magníficos setos, pero ya no se le da este empleo. Si se deja libre, constituye un elemento de estructura en el jardín, muy decorativo.
Cultivo en maceta: agradece una poda ligera. Es fácil formarlo en podas topiarias sencillas, en bola simple o sobre tronco, cono, pirámide, espiral, según la inspiración, para destacarlo en grandes macetas o en grandes maceteros de madera. Cultívelo en un mantillo rico al que deberá añadir estiércol bien descompuesto (15%) o abono a base de algas. Sustituya la tierra de las plantas que no vaya a trasplantar. Riegue tres veces por semana; de esta forma, las plantas vigorosas estarán menos expuestas a su principal enemigo: la cochinilla algodonosa. En caso de ataque, trate con un producto a base de aceite blanco.

Lavanda

Espliego. *Lavandula angustifolia.* Syn.: *L. officinalis, L. vera*

Origen: cuenca mediterránea, Oriente Medio hasta la India. **Rusticidad:** -5 a -20 °C. **Periodo de floración:** junio-julio. **Altura:** 30 a 60 cm.

Descripción: las lavandas crecen formando matas y toman de manera natural un porte redondeado. Sus pequeñas hojas grises o verdes son numerosas, y a finales de primavera las plantas se erizan de numerosos tallos florales que se abren por completo al comienzo del verano. Todas las partes de la planta son muy aromáticas.
Cuidados: estos arbustos, habituados a las condiciones rudas de las garrigas de zonas altas, soportan el frío, la sequía, el sol ardiente, los suelos pobres y llenos de piedras. Con facilidad crecen enormemente.
Utilización: algunas matas bastan para dar un toque campestre a la decoración. Asócielas con artemisas, romeros y santolinas para crear serenos paisajes de líneas suaves, y vista con ellas los pies de los olivos, como en una postal.
Cultivo en maceta: para obtener bellas matas de lavanda, cultívelas en grandes macetas (30 a 50 cm de diámetro), poco profundas (30 cm). Cubra el fondo de grava y compruebe que hay suficientes agujeros de drenaje, porque estas plantas temen la acumulación de agua.
Tras la poda que va unida a la cosecha, pince las ramas tan a menudo como sea posible para fortalecer las plantas, durante todo el otoño.

Lavatera

Lavatera spp.

Origen: oeste del Mediterráneo. **Rusticidad:** -10 a -12 °C. **Periodo de floración:** mayo a septiembre. **Altura:** 1,5 a 3 m.

Descripción: son pequeños arbustos de hojas palmeadas o lobuladas, algodonosas o rugosas. Las flores son características de las malváceas. **Cuidados:** resisten muy bien la sequía, pero les gusta un riego ocasional, y se contentan con suelos pobres. Se adaptan bien al borde del mar. **Utilización:** póngalas en los macizos y las rocallas secas. *L. maritima* alcanza rápidamente 1,5 a 1,8 m y se extiende mucho más todavía. *L. olbia* destaca por su rapidez de crecimiento y sus flores de color rosa intenso. *L. arborea* necesita un suelo húmedo para elevarse a más de 3 m. **Cultivo en maceta:** basta con un contenedor de 30 cm de diámetro, porque el desarrollo de las lavateras en maceta es limitado. Utilice un mantillo para plantas de flor y riegue con regularidad, sobre todo desde la aparición de las yemas florales, de lo contrario podrían caerse. Pode a ras del suelo a finales de otoño para verlas renacer más vigorosas en la primavera siguiente.

Mi consejo

Asocie las lavateras con los hibiscos y con Anisodontea capensis, *y cubra la base con* Malvastrum lateritium.

Pitosporo

Pittosporum spp.

Origen: regiones tropicales de Asia, de África y del Pacífico. **Rusticidad:** -5 a -15 °C. **Periodo de floración:** marzo-abril. **Altura:** 1 a 4 m.

Descripción: los pitosporos son arbustos de follaje perenne. Sus hojas son, por lo general, coriáceas, brillantes, verdes o variegadas, a veces casi negras *(P. tenuifolium* 'Purpureum'). Son aromáticas y algunas despiden un olor anisado cuando se estrujan *(P. tenuifolium),* otras una fragancia a limón *(P. eugenioides* 'Variegata'). El follaje es denso, las flores blancas o púrpuras, poco atractivas, pero a menudo muy perfumadas. **Cuidados:** es necesario plantarlos en suelos ricos, húmedos, ligeros y profundos para las especies de gran desarrollo. Les gusta la luz y el calor del sol directo, pero crecen igualmente en media sombra. Las podas ligeras y regulares son útiles para mantener la frondosidad. **Utilización:** los pitosporos se emplean mucho como plantas de seto. En este caso, es *P. tobira* el que se solicita con más frecuencia. Busque también *P. truncatum,* menos común, porque su follaje fino es muy elegante y su forma es adecuada para este empleo. *P. tobira* participa también del jardín de las fragancias, porque sus flores exhalan un delicioso perfume de azahar, persistente, sobre todo a la caída de la tarde. **Cultivo en maceta:** algunas especies están indicadas para el cultivo en macetas y en ellas se desarrollan tan bien como en plena tierra en el jardín.

P. tenuifolium, de follaje verde, y *P. tenuifolium* 'Variegatum', su forma variegada, crecen en pequeñas ramillas de madera negra que realzan su corona luminosa. Estas plantas son tan elegantes que su follaje entra en la composición de los ramos que preparan los floristas.

Pueden podarse formando bolas e instalarse en bonitas macetas para decorar las terrazas.

Las rocallas, los macizos, los muretes saldrán ganando si se adornan con matas de *P. tobira* 'Nana', que se despliegan en cascada por sí solas. Es también una especie para cultivar en grandes tinajas y en bellas macetas. Atención, su madera es frágil y enseguida se puede producir un hueco en el follaje; manéjela con cuidado.
Cultive todas estas especies en un mantillo rico, al que deberá añadir un 10% de estiércol. Mantenga la humedad, pero sin excesos. Tenga cuidado con las aguas de grifo demasiado calcáreas porque *P. tobira nanum* tiene tendencia a padecer clorosis. Si esto ocurre, es necesario corregirla, sin tardar, con aplicaciones de quelato de hierro.

Mi consejo

Para conservar una forma sin defecto al redondear P. tobira nanum, *pince con regularidad de 5 a 8 cm en todos los extremos.*

Platanera

Musa spp., *Ensete*

Origen: Sudeste asiático. **Rusticidad:** -5 °C. **Altura:** 2 a 5 m.

Descripción: la platanera es una planta gigante, muy decorativa gracias a sus grandes y anchas hojas verdes o moteadas. Puede tener múltiples troncos y producir una mata sorprendente por su tamaño y su aire exótico.
Cuidados: crece en terrenos ligeros, bien drenados, ricos, y necesita mucha agua. Las hojas jóvenes pueden temer los abrasadores rayos del sol. Al acercarse el invierno, recórtela a 20 cm de altura, y ponga un acolchado abundante para proteger la yema principal, situada a ras del suelo.
Utilización: en una pradera, se beneficiará de los riegos regulares del césped. *Ensete ventricosum* es perfecta para la zona 9. Para otro lugar, elija *Musa basjoo*, que resiste a -10 °C.
Cultivo en maceta: trasplántela desde la compra y repita esta operación dos veces al año o bien añada al agua de riego un abono para plantas verdes todas las semanas. Instálela en un mantillo enriquecido con abono orgánico, tipo estiércol o compost. Riéguela todos los días entre abril y octubre, luego dos veces por semana en invierno.

Plumeria

Plumeria rubra

Origen: América central, Antillas. **Rusticidad:** zona 9. **Periodo de floración:** junio a septiembre. **Altura:** 1 a 5 m.

Descripción: la plumeria se desarrolla como un gran arbusto y forma incluso un pequeño árbol en su zona geográfica de origen. En otras zonas es más modesta, pero puede dar grandes plantas de 2 m. Sus anchas hojas nervadas son caducas, coriáceas, y se agrupan de una curiosa forma en el extremo de las ramas cilíndricas y carnosas, que contienen un jugo lechoso y tóxico. Al comienzo del verano, las flores, de aspecto aterciopelado, rosas, púrpuras, blancas, amarillas en el centro, se abren en ramilletes terminales.
Cuidados: necesita mucho calor y luz, y requiere una buena exposición, abrigada. Crece en suelos ricos, arenosos y bien drenados.
Utilización: para apreciar la belleza de sus flores, intensamente perfumadas, es preferible aislarla o plantarla en pequeños grupos de tres a cinco ejemplares, alternando los coloridos. *P. rubra* tienen flores rojas y *P. rubra* var. *acutifolia,* flores blancas.
Cultivo en maceta: ya que dura mucho, cultive la plumeria en grandes macetas, de 60 a 80 cm de lado. Use un mantillo mezclado con un tercio de arena. Póngala en un ambiente aireado. Se comporta mejor en invernadero húmedo que en la atmósfera seca de los interiores. En invierno, durante su reposo vegetativo, métala a cubierto; lo ideal es que esté a 12-15 °C.

Polygala

Polygala myrtifolia

Origen: África del Sur. **Rusticidad:** zona 9, pero soporta las heladas pasajeras. **Periodo de floración:** febrero a octubre. **Altura:** 2 m.

Descripción: arbusto perenne, erecto, de porte erguido, que produce numerosas hojas pequeñas y alargadas de un bello verde claro. Sus flores de papilionácea, de rosa intenso a violáceo, son numerosas, forman pequeños racimos terminales y se suceden durante una gran parte del año.
Cuidados: la polygala necesita un suelo ligero, arenoso, pero rico. Una exposición a pleno sol da lugar a plantas robustas, densas, correctamente ramificadas y con floración abundante. La media sombra también es adecuada, pero entonces la floración es menos densa.
Utilización: se cultiva en macizos densos, aislada e incluso en setos bajos. Asóciela con otras plantas de floración duradera, con contraste de coloridos, como los euryops y las lantanas, para crear una bonita decoración.
Cultivo en maceta: es fácil cultivarla en maceta, en una mezcla de mantillo para geranios y tierra de jardín. Evite saltarse los riegos y que reciba corrientes de aire cálidas. Pince los extremos tras la primera floración para hacer una corona más densa. Atención, en pleno verano, a los ataques de moscas blancas y de ácaros.

Oreja de león

Leonotis leonorus

Origen: África del Sur. **Rusticidad:** zona 9. **Periodo de floración:** entre abril y octubre. **Altura:** 1 a 2 m.

Descripción: la oreja de león pasa más bien desapercibida, con sus hojas semi-perennes o caducas, dentadas y alargadas. Pero cuando estalla su floración, todas las miradas se dirigen a ella. En efecto, en el extremo de grandes tallos nacen flores tubulares de color naranja, luminosas, reunidas en pequeños ramilletes dispuestos escalonadamente.
Cuidados: mucho sol, una tierra bastante rica y riegos regulares son el secreto de su cultivo. Sin embargo, puede perdonar algunos olvidos en los aportes de agua. Suprima las flores marchitas nada más terminar la floración y pode las ramas de uno a dos tercios al final del invierno. En noviembre, hasta que pase el mal tiempo, ponga un acolchado de paja en el pie.
Utilización: es en plena tierra, en los macizos de flores, donde más destaca. Utilícela sin reservas en los jardines al borde del mar.
Cultivo en maceta: necesita un mantillo enriquecido con 20% de estiércol descompuesto y un trasplante anual, en primavera. Puede tolerar algunas faltas en los riegos, pero una planta debilitada es vulnerable a los ataques de la mosca blanca. Córtela al ras en otoño y deje que pase el invierno a cubierto.

Raphiolepis

Raphiolepis indica. Syn.: *Rhapiolepis*

Origen: Sudeste asiático. **Rusticidad:** zona 8, hasta -10 °C. **Periodo de floración:** marzo-mayo. **Altura:** 1,5 a 2 m.

Descripción: arbusto perenne, de hojas ovales y anchas, coriáceas y brillantes, muy elegante. Su crecimiento es lento, pero su floración es magnífica: a finales de la primavera, se cubre de una gran cantidad de flores de color rosa.
Cuidados: le gustan los suelos humíferos, húmedos y bien drenados, y soporta sequías pasajeras. Crece a pleno sol o en media sombra, y se adapta bien a los jardines del borde del mar.
Utilización: plántelo en amplios macizos bajos, aislado o como bordura. Utilice *R.* x *delacouri* 'Springtime' por el rosa vivo luminoso de su abundante floración.
Cultivo en maceta: en una jardinera amplia con un mantillo rico, cultive *R.* x *delacouri* 'Enchantress', de flores rosa pálido, una variedad compacta de 80 cm. Trasplante cada 3 años y colóquelo en una buena exposición. Protéjalo o póngalo a cubierto en invierno, en cuanto exista el riesgo de pequeñas heladas.

Mi consejo
El raphiolepis también se encuentra en tronco, injertado sobre el níspero de Japón.

Retama blanca

Retama monosperma. Syn.: *Genista monosperma, Lygos*

Origen: Mediterráneo, España, Portugal. **Rusticidad:** -5 a -8 °C. **Periodo de floración:** abril-mayo. **Altura:** 2 a 4 m.

Descripción: la retama blanca ofrece una silueta muy ligera gracias a sus ramas finas y flexibles, gris plateado, que dan a este arbusto un porte ligeramente llorón. Las hojas son tan pequeñas que se creerían ausentes. Al comienzo de la primavera, florece en una nube de pequeñas flores blancas, punteadas de negro, muy perfumadas. Esta floración brillante y luminosa ilumina los taludes.
Cuidados: es una planta de regiones secas que crece a pleno sol y resiste bien el rocío.
Utilización: se planta como fondo de decoración, en cortina de vegetación aérea o aislada.
Cultivo en maceta: cultívela en grandes contenedores para admirar su amplitud y su porte elegante, en un mantillo rico al que deberá añadir de 10 a 15% de fertilizante a base de algas. El cultivo en maceta de tamaño medio (30 cm de diámetro) es posible; pero en este caso es preciso podar severamente para fortalecer a la planta, primero al final de la floración (junio) y luego al comienzo del otoño (septiembre).

➤ CONVIENE SABER: *en el norte de Italia, la retama se cultiva mucho, pues se usa como flor cortada.*

Romero

Rosmarinus officinalis

Origen: cuenca mediterránea. **Rusticidad:** -10 a -12 °C. **Periodo de floración:** enero a abril. **Altura:** 1 a 1,5 m.

Descripción: el romero tiene numerosas hojas pequeñas lineales, perennes, de color verde oscuro con el reverso blanco algodonoso, fuertemente aromáticas. Su porte erecto le da una forma amplia y rígida.
Cuidados: resiste la sequía y le gustan los suelos bien drenados, ligeramente arenosos, y el pleno sol. Riegue una vez por semana (más lo pudriría), pero abundantemente, y deje secar.
Utilización: se planta aislado, en macizos y parcelas de aromáticas, en seto bajo las variedades erectas. Entre las numerosas variedades, es mejor atenerse al tipo, *R. officinalis,* cuya floración se repite en septiembre-octubre. Utilice *R. officinalis* 'Pyramidalis', bien ramificada, para los setos. Para macetas o muros, opte por las formas trepadoras y en cascada, como *R. officinalis* 'Pointe du Raz', 'Corsica prostratus' o 'Lavandulaceus'.
Cultivo en maceta: las raíces del romero colonizan enseguida el volumen de tierra. Cultívelo en una maceta de 25 cm de profundidad como mínimo, con otro tanto de diámetro. Añada un cuarto de arena de río a un buen mantillo hortícola. Pince de vez en cuando los extremos entre dos floraciones para incitarle a ramificarse.

Russelia

Russelia equisetiformis. Syn.: *R. juncea*

Origen: México. **Rusticidad:** –5 °C.
Periodo de floración: mayo a septiembre.
Altura: 60 cm.

Descripción: esta planta tiene una curiosa silueta debido a sus numerosas ramas pequeñas y finas, desprovistas de hojas visibles, y su porte llorón. Durante todo el verano, se cubre de una multitud de pequeñas flores tubulares, alargadas, de color rosa coral a naranja.
Cuidados: esta especie poco exigente respecto a la naturaleza del suelo soporta la sequía, pero prefiere un riego ocasional. Sitúela a pleno sol y pódela muy corta a finales del invierno, a 20 cm.
Utilización: déjela caer en cascada en las rocallas secas, por encima de muretes.
Cultivo en maceta: cultívela preferentemente en una bella tinaja, o en suspensión, en un mantillo para geranios. Riéguela dos o tres veces por semana. Pode corto a finales del invierno, en el momento del trasplante.

Mi consejo
No todas las russelias tienen la misma intensidad de color; tómese un tiempo para escoger.

Santolina

Santolina chamaecyparissus

Origen: cuenca mediterránea. **Rusticidad:** –12 °C. **Periodo de floración:** mayo-junio.
Altura: 40 cm.

Descripción: la santolina es una pequeña planta en mata regular, redondeada y abierta. Las hojas son pequeñas, escamosas y aromáticas, y despiden un olor ligeramente alcanforado. Las flores de color amarillo dorado están agrupadas en pequeñas inflorescencias redondas.
Cuidados: esta planta, que soporta bien la sequía, crece en suelos pobres, pedregosos, a pleno sol. Pódela con regularidad porque envejece pronto: la base se queda desnuda y el follaje tiende a abrirse. Evite los riegos demasiado abundantes y frecuentes, sobre todo en verano, responsables del desarrollo de pudriciones.
Utilización: se planta en rocallas secas, taludes y macizos. Combina muy bien con la piedra; póngala encima de muretes o al pie de las escaleras, asociada con otras aromáticas, como tomillos, romeros, lavandas, jaras y artemisas.
Cultivo en maceta: una maceta de tamaño mediano (30 cm de diámetro) es suficiente; compruebe que tiene bastantes agujeros de drenaje. Coloque un fondo de 4 cm de grava y añada un cuarto de arena al mantillo de cultivo. Pince de vez en cuando, reduciendo todos los brotes de 3 a 4 cm, para que la planta se ramifique.

Streptosolen

Streptosolen jamesonii

Origen: Colombia, Perú. **Rusticidad:** zona 9. **Periodo de floración:** abril a junio. **Altura:** 1,5 m.

Descripción: arbusto de perenne a caduco, según su exposición al frío, de ramas muy flexibles que le dan un porte amplio y llorón. Presenta pequeñas hojas ovales, casi redondas, brillantes, veteadas, de un bonito tono verde. Sus numerosas flores, pequeñas y en forma de trompeta de color naranja, crecen agrupadas en racimos.
Cuidados: prefiere una exposición a pleno sol, pero soporta la media sombra; en este caso, su floración es menos abundante. Crece en suelos ricos, húmedos, que retengan el agua. Pódela al ras y ponga un acolchado antes del invierno.
Utilización: asóciela con otros arbustos y plantas de flor de tonos cálidos, como lantanas, gazanias, arctotis, bidens... Es ideal para adornar muretes, escaleras y pequeñas construcciones, por las que deja caer sus ramas flexibles.
Cultivo en maceta: déjela escaparse de una tinaja o de una maceta baja, de 40 cm de diámetro al menos. Use una tierra para geranios y un abono para plantas de flor hasta el otoño. Vigile la presencia de pulgones y moscas blancas. Pásela a un ambiente a 5 °C como mínimo hasta la llegada de la primavera.

Mi consejo
Los tallos de las plantas jóvenes son frágiles; sujételos con pequeños tutores.

Tilo de salón

Sparmannia africana

Origen: África del Sur. **Rusticidad:** zona 9. **Periodo de floración:** mayo-junio. **Altura:** 2 a 3 m.

Descripción: arbusto caduco a perenne, según las exposiciones. Sus anchas hojas algodonosas y de un bonito verde vivo, en forma de corazón, son más o menos dentadas, algunas veces lobuladas. Las flores, blancas, tienen un centro de estambres rojo y amarillo, y se reúnen en pequeños racimos terminales, ligeramente colgantes.
Cuidados: plántela en un suelo fértil, drenado, al sol o bajo una sombra tamizada. Riegue una vez por semana solamente, porque los riegos frecuentes favorecen el crecimiento del follaje en detrimento de la floración. Pódela muy corta a finales de otoño y acolche para protegerla.
Utilización: se cultiva aislada, en el jardín, o en un invernadero o una galería, en maceta, en un balcón, una terraza o un apartamento. Las flores, melíferas, atraen a las abejas y las mariposas.
Cultivo en maceta: trasplante a una gran jardinera de 50 cm de lado, con un mantillo para plantas de flor. Deje secar el mantillo entre dos riegos y pode el follaje a la mitad tras la floración. En el interior, vigile los ataques de la mosca blanca y la arana roja.

Las mimosas

Las mimosas del jardín

Sus glomérulos de oro pueden iluminar los inviernos de regiones de clima suave y templado, siempre que puedan disfrutar al menos de 3 horas de sol al día y de temperaturas no demasiado severas (hasta -7 °C).
Las mimosas prefieren un suelo ácido, o neutro, pero sufren clorosis en un medio calcáreo. Por eso se aconseja plantar ejemplares injertados sobre *Acacia retinoides*. Cuando se plantan, es necesario tutorarlas, porque su madera podría romperse con los vientos fuertes.
Riegue copiosamente, en cualquier época del año, y también con regularidad, sobre todo en verano, durante los dos primeros años, para permitir que la planta se instale correctamente.
Pode siempre después de la floración, sin demora, porque la inducción floral de la floración tiene lugar pronto. Con la poda, el árbol mantendrá una silueta redondeada y maciza, y disminuirá siempre la exposición al viento. Antes del invierno, acolche hasta 30 o 50 cm de altura y 60 a 80 cm de diámetro alrededor del pie de la planta. Si es necesario, cúbrala con una malla protectora en invierno.

Las mimosas en maceta

En terrazas, balcones, en galerías y en todas las regiones donde el cultivo en el exterior sea imposible, puede cultivar las mimosas en maceta. Elija un ambiente bien expuesto al sol y al abrigo del viento. Trasplante la mimosa después de la compra, pero no la coloque en una maceta demasiado grande, porque necesita crecer tranquilamente al ritmo de los trasplantes anuales. Eche una capa de grava de 5 cm en el fondo y no ponga bandejas de reserva de agua. Tenga cuidado para que no se rompa el cepellón y llene el contenedor con tierra de brezo. Añada de vez en cuando un abono para plantas de flor, de marzo a septiembre, sin sobrepasar las dosis prescritas. Tras la floración, haga una poda ligera, quitando las ramas que han tenido flores; así evitará que la planta despilfarre su energía fabricando semillas inútiles. Sea riguroso con los riegos y mantenga el sustrato húmedo, en verano y en invierno. Vigile que su mimosa no sufra por las heladas, aunque eventualmente puede someterla a pequeños picos de -2 a -3 °C.

Mimosa de 4 estaciones

Acacia retinoides

Aún se la encuentra etiquetada como *Acacia floribunda*, es un error corriente. Sirve de portainjerto para las demás mimosas, pero puede ser plantada por sus cualidades decorativas. Es un árbol pequeño, de 4 a 6 m, de hojas alargadas y finas, con fronda redondeada.
Puede plantarla en un suelo ligeramente calcáreo y disfrutar de sus glomérulos más o menos grandes, según la que haya elegido. Busque las variedades 'Jean-Pierre' y 'Lisette', por el tamaño de sus glomérulos, claramente más grandes.

Mimosa e híbridos

Acacia dealbata

Se trata de la mimosa clásica, de hojas muy finas, azuladas, que crece de forma espontánea e invade colinas. En el lenguaje común, se engloban bajo este nombre todos los híbridos de follaje fino, obtenidos por hibridación entre *A. dealbata*, *A. decurrens* y *A. baileyana*. Entre las más espectaculares destacan 'Maréchal Joffre', de porte flexible, 'Mireille', por sus inflorescencias compactas y luminosas, y 'Bon accueil' y 'Gaulois', empleadas para flor cortada. Todos estos pequeños árboles, de 4 a 6 m, florecen entre enero y febrero.

Mimosas lloronas

Acacia dealbata, A. vestita

En el comercio podrá encontrar dos mimosas de porte verdaderamente llorón.
A. dealbata 'Pendula' deja caer sus ramas en vertical, hasta tocar el suelo; en flor, ofrece un espectáculo inolvidable.
A. vestita 'Saint Hélène' tiene un porte mucho más amplio, con ramas vestidas de pequeñas hojas escamosas y completamente cubiertas de flores en febrero. Algunas especies de porte más flexible y colgante merecen nuestra atención: *A. cardiophylla, A. cognata, A. howitii.*

Las palmeras

Las palmeras en plena tierra

Las palmeras necesitan una buena tierra de jardín, porque son muy exigentes, y riegos regulares y abundantes en verano, ya que éste es su periodo de crecimiento. Prepare un gran hoyo que servirá para albergar los aportes de estiércol que penetrarán con la ayuda de las lluvias del invierno. Las palmeras situadas al aire libre y en pleno crecimiento están poco expuestas a enfermedades y parásitos, por lo que se ahorrará la preocupación de los tratamientos.

En invierno, piense en proteger sus palmeras contra el frío. Para conseguir los preciosos grados, acolche el pie o mejor aún, extienda una capa de estiércol caliente (no descompuesto), levante las palmas y átelas juntas, y, por último, ponga una malla teniendo cuidado de englobar la yema terminal, situada en el centro de la base de las palmas, que es el talón de Aquiles de estas especies.

Palmera canaria

Phoenix canariensis

Origen: islas Canarias. **Rusticidad:** -10 a -12 °C. **Altura:** 15 a 20 m.

Descripción: muy común, es vigorosa, compacta e imponente, y su silueta es majestuosa. Su crecimiento es relativamente rápido en clima cálido.
Cultivo en maceta: trasplante todos los años a finales de primavera, a un mantillo enriquecido con un 15% de abono a base de algas, ya que es bastante exigente.
En galería, vigile los ataques de cochinillas algodonosas y trate con un aceite blanco.

Mi consejo

Cuando pode un ejemplar de plena tierra, no corte las palmas demasiado cerca del tronco, porque dejará marcas; conserve una pequeña parte del peciolo.

Las palmeras en maceta

Las palmeras se prestan bien al cultivo en maceta, por tanto las podrá emplear para crear nuevos ambientes en terrazas, balcones y galerías. Cultívelas en una mezcla nutritiva formada por 80% de mantillo, 10% de abono a base de algas y 10% de arena. Use macetas apenas más grandes que el contenedor de la compra y trasplante todos los años, o bien elija un gran recipiente de barro, dos veces el tamaño del cepellón, y déjela allí entre 3 y 5 años. En el primer caso, trasplante a finales de primavera, porque es en verano cuando las palmeras crecen, producen potentes raíces y adquieren el máximo vigor de todo el año. En la segunda hipótesis, realice una importante sustitución de tierra todos los años, antes del verano, y añada un abono orgánico (estiércol deshidratado, abono a base de algas...). Haga un riego abundante por semana en verano y uno cada 2 o 3 semanas en invierno, humedeciendo sólo la tierra. Las plantas deben pasar el invierno en una estancia protegida del hielo, con una temperatura entre 5 y 8 °C.

Palma de jardín

Trachycarpus fortunei

Origen: China. **Rusticidad:** -17 a -20 °C. **Altura:** 7 a 10 m.

Descripción: utilice las líneas gráficas de su delgado tronco, derecho y cilíndrico, incluso en las regiones frías, porque es rústica. Vista la base de plantas en grandes matas para darle cuerpo. Atención, a veces se la puede encontrar bajo el apelativo equívoco de *Chamaerops excelsa.*
Cultivo en maceta: combine su tronco longilíneo con un gran recipiente barnizado. Trasplante cada 2 o 3 años y riegue con regularidad, porque en su país de origen vive cerca de pantanos. Vigile las cochinillas en el reverso de las palmas.

Palmito

Chamaerops humilis

Origen: cuenca mediterránea. **Rusticidad:** -12 a -15 °C. **Altura:** 2 a 3 m para los ejemplares comunes, hasta 8 m para los más viejos.

Descripción: ésta es la única palmera de la flora templada que crece en matas bien ramificadas. Las yemas auxiliares son numerosas y la planta forma densas matas de bellas hojas verdes, en abanico.
Cultivo en maceta: los ejemplares más jóvenes enseguida forman macetas equilibradas, porque se ramifican en todos los sentidos. Trasplante en una mezcla de mantillo (3/4) y arena (1/4) que drene bien. Puede saltarse riegos con toda tranquilidad porque está habituada a la sequía.

Palmera azul

Brahea armata

Origen: México, California. **Rusticidad:** -10 a -12 °C. **Altura:** 10 m.

Descripción: curiosa palmera de hojas azuladas y glaucas. La planta joven es discreta, colóquela a los lados de plantas de rocallas secas; su crecimiento es lento, pero termina por adoptar un porte majestuoso. **Cultivo en maceta:** póngala en una maceta de 50 litros, con una buena tierra de jardín, y trasplante cada 2 o 3 años. Riegue en abundancia una vez por semana en verano y deje secar la tierra entre dos riegos.

Washingtonia

Washingtonia filifera

Origen: México, Arizona. **Rusticidad:** -8 a -10 °C. **Altura:** 12 a 15 m.

Descripción: el tronco conserva largo tiempo los restos de los peciolos, de color cuero, que forman un trenzado perfecto. La corona lleva magníficas palmas en abanico provistas de largos hilos blanquecinos. **Cultivo en maceta:** póngala en una maceta de tamaño medio al comienzo, en un mantillo con 1/5 de estiércol descompuesto. Trasplante cada año, a finales de la primavera. Riegue una vez por semana en verano.

Butia

Butia capitata

Origen: Brasil, Uruguay. **Rusticidad:** -10 a -12 °C. **Altura:** 3 a 5 m.

Descripción: la elegancia de esta palmera está ligada a sus grandes palmas arqueadas y colgantes, de color verde azulado. Sus pequeños frutos redondos y de color naranja son comestibles. Aíslela en una pradera. **Cultivo en maceta:** plántela en un recipiente de 0,80 a 1,20 m de lado, y déjela allí varios años, aportando un abono orgánico al sustituir la tierra, al comienzo del verano. En invierno, sitúela al fresco (5 y 8 °C).

Frutales

Madroño

Arbutus unedo

Origen: cuenca mediterránea. **Rusticidad:** -10 a -15 °C. **Periodo de floración:** octubre a enero. **Periodo de recolección:** diciembre a enero. **Altura:** 3 a 5 m.

Descripción: bello arbusto perenne de hojas dentadas, coriáceas y brillantes. Su corteza es rojiza y su madera dura. Entre octubre y enero, aparecen pequeños racimos colgantes de flores blancas, en forma de campanilla. No se transforman en frutos hasta el verano siguiente, de manera que una misma planta tiene frutos y flores de dos estaciones sucesivas. Los frutos rojos, granulosos y redondos, se parecen a pequeños lichis. Son comestibles, un poco harinosos, pero con ellos se hace una deliciosa mermelada.

Cuidados: el madroño crece en cualquier suelo, pero tiene una marcada preferencia por los terrenos ligeramente ácidos. Resiste bien la sequía y prospera a pleno sol o en media sombra.

Utilización: plántelo aislado o como fondo de un macizo, incluso en seto, y utilice su follaje oscuro para realzar las plantas de flor o de follaje coloreado.

Cultivo en maceta: se comporta muy bien en maceta y puede permanecer en el exterior en zonas de clima suave. En regiones más frías, protéjalo en invierno. Pode el follaje quitando 20 cm para conservarlo bien ramificado.

Fruto del madroño

Mi consejo

La variedad A. unedo *'Compacta' está especialmente adaptada para el cultivo en maceta.*

Granado

Punica granatum

Origen: Mediterráneo. **Rusticidad:** zona 8. **Periodo de floración:** junio a agosto. **Periodo de recolección:** octubre-noviembre. **Altura:** 3 a 4 m.

Descripción: el granado es un árbol de tronco grueso, nudoso y acorchado cuando es viejo, pero se utiliza a menudo como arbusto. Sus pequeñas hojas lanceoladas son de un bonito verde luminoso en primavera y en verano. Viran al amarillo dorado en otoño antes de caer. Las flores bermellón se abren en pétalos arrugados sostenidos por un receptáculo coriáceo. Los frutos son decorativos, comestibles, y permanecen largo tiempo sujetos en plantas desnudas.
Cuidados: el granado crece bajo un sol cálido en suelos secos y con guijarros, pero prefiere los terrenos profundos y fértiles.
Utilización: aísle los ejemplares grandes y los arbustos de tamaño medio en rincones abrigados, o forme setos, a la altura deseada, porque el granado soporta las podas severas. Elija las variedades de flores dobles *P. granatum* 'Flore Preno' o 'Rubropleno', más bonitas.
Cultivo en maceta: se puede cultivar en macetas de tamaño medio; un diámetro de 40 cm es suficiente para una planta de 1,5 m. Sustituya la tierra al comienzo de la primavera y pode entre un cuarto y un tercio de la longitud de las ramas. En recipientes pequeños con un volumen de 3 litros, pruebe a cultivar *P. granatum* 'Nana gracilissima', una variedad enana que crece en mata compacta de 20 cm.

Guayabo de Brasil

Acca sellowiana. Syn.: *Feijoa sellowiana*

Origen: Uruguay, Brasil. **Rusticidad:** -10 a -12 °C. **Periodo de floración:** junio-julio. **Periodo de recolección:** septiembre-octubre. **Altura:** 2 a 3 m.

Descripción: arbusto perenne, muy ramificado, de follaje denso. Sus hojas redondas, verdes, adquieren un tono gris porque están recubiertas de una fina pelusa. En verano, aparecen magníficas flores blancas, realzadas por un ramillete de estambres rojo escarlata en el centro. Los frutos, alargados y de una decena de centímetros, son comestibles, con pulpa acidulada.
Cuidados: le gusta el sol, los suelos frescos, bien drenados y fértiles. En estas condiciones su crecimiento es rápido. Se adapta muy bien a la sequía y a los suelos pobres, pero entonces el arbusto es mucho menos frondoso. En plena tierra, soporta las podas severas y puede ser completamente desmochado.
Utilización: plante el guayabo en macizos de arbustos, aislado en una pradera o en una esquina del muro bien abrigada.
Cultivo en maceta: trasplántelo a un mantillo rico al que deberá añadir un 10% de fertilizante a base de algas, y haga una correcta sustitución de tierra al comienzo de la primavera entre dos trasplantes. Pince regularmente el extremo de las ramas, una vez a finales de febrero y luego tras la fructificación, acortando de 15 a 20 cm.

Níspero

Eriobotrya japonica

Origen: China. **Rusticidad:** -10 °C. **Periodo de floración:** diciembre a febrero. **Periodo de recolección:** abril a junio. **Altura:** 4 a 5 m.

Descripción: arbusto bien ramificado y con un equilibrio natural. Sus hojas, perennes, verde oscuro, son muy coriáceas, fuertemente nervadas, algodonosas en el reverso, lanceoladas y miden de 20 a 30 cm. Los brotes jóvenes, verde oscuro, son muy decorativos. Los frutos, de color naranja, ovales, de carne muy dulce, maduran al final de la primavera; se consumen ligeramente golpeados.

Cuidados: prefiere los suelos profundos, fértiles y húmedos para fructificar bien. Cuide su crecimiento con un abono para árboles frutales desde que se reanuda la vegetación. La poda debe limitarse a quitar la madera muerta y las ramas que han fructificado. Un tratamiento con caldo bordelés a finales del invierno impide el desarrollo de las manchas que afectan a las hojas y a los frutos.

Utilización: deje espacio para que este arbusto se desarrolle uniformemente. Pruebe a plantar un ejemplar aislado, en un ambiente abrigado y con buena exposición.

Cultivo en maceta: cultívelo en un gran contenedor, de 50 cm de diámetro, en forma de mata o en medio tronco. Cuidado con las cochinillas.

Níspero

Mi consejo

Las variedades injertadas producen mejores frutos.

Los cítricos

Los cítricos son irreemplazables para dar un toque de paraíso recuperado al jardín. Dulces frutas al alcance de la mano por muy poco trabajo, elegancia en la decoración y frescura..., como un don del cielo.

Los cítricos del jardín

Los cítricos son árboles pequeños, perennes (excepto el naranjo trifoliado), de algunos metros de altura y de poco volumen, muy decorativos por su follaje y sus frutos. Crecen en un terreno rico y drenado, porque temen el exceso de agua; el riego debe ser regular durante el crecimiento y poco abundante antes de la cosecha. Estas plantas vigorosas necesitan una poda, incluso severa; pero atención, fructifican en los brotes del año, por tanto tenga en cuenta las fechas de recolección.

El principal límite para su cultivo viene dictado por el frío, ya que para llegar a la madurez sus frutos necesitan una buena dosis de calor. En invierno, protéjalos con una malla protectora y coloque un cortavientos de paja para resguardarlos de los fríos vientos dominantes. Sin embargo, en la época de reposo, estas plantas necesitan frío para que la floración sea abundante.

Los cítricos en maceta

Utilice contenedores grandes. Realice los trasplantes cada 3 años, pero haga una buena sustitución de tierra todos los años en febrero.

Los aportes de abono deben ser regulares. Fertilice en periodo de crecimiento vegetativo, en primavera, con un abono rico en nitrógeno, y a finales del verano con un abono completo (tipo 6-6-6 + oligoelementos). Evite el exceso de agua; para ello, coloque una capa de grava en el fondo de la maceta y no ponga bandejas de agua. Pulverice una vez por semana los cítricos cultivados en apartamentos.

Vigile los primeros signos de amarilleamiento, que revelan una carencia de hierro, y corríjalos con un aporte de quelato de hierro, en riego o en pulverización. Tenga cuidado también con los ataques de las cochinillas, sobre todo en el interior. Pode quitando un tercio de la vegetación después de la cosecha. Proteja las plantas con una malla durante el invierno o meta los cítricos en una estancia fresca, entre 5 y 12 °C.

Bergamoto

Citrus bergamia

Origen: Asia. **Rusticidad:** -6 °C. **Periodo de floración:** abril-mayo. **Periodo de recolección:** noviembre-diciembre **Altura:** 4 a 5 m.

Descripción: con pocos cuidados, el bergamoto se puede convertir en un soberbio árbol ornamental, por el aspecto de su vegetación, de color verde claro, y también por la abundancia de sus frutos. Su floración es muy generosa y perfumada.
Cultivo en maceta: limite su cultivo a una galería o al invernadero, incluso aunque este cítrico pueda dar buenos resultados en el interior; utilice una gran maceta de 40 cm de diámetro. Déjele pasar el invierno a 10 °C, en una estancia bien iluminada.

➤ CONVIENE SABER: *estos frutos ácidos no son adecuados para consumirlos frescos, pero están deliciosos en mermelada.*

Clementino

Citrus clementina

Origen: Argelia. **Rusticidad:** -5 °C. **Periodo de floración:** marzo-abril. **Periodo de recolección:** octubre a febrero. **Altura:** 3 a 4 m.

Descripción: la vegetación del clementino es densa y sus hojas, estrechas y muy alargadas, permiten distinguirlo claramente del mandarino. Proporciona un número considerable de pequeños frutos en un periodo relativamente corto.
Cultivo en maceta: este cítrico prefiere los riegos regulares pero teme la cal y el cloro del agua del grifo. Desde finales del invierno, sáquelo al aire libre y métalo lo más tarde posible a una estancia con una temperatura de 8 °C.

➤ CONVIENE SABER: *para eliminar el cloro del agua, coloque uno o dos puñados de cortezas de pino en una regadera de 8 a 10 litros, y deje reposar una noche.*

Kumquat

Fortunella japonica

Origen: China. **Rusticidad:** –11 °C. **Periodo de floración:** junio-julio. **Periodo de recolección:** octubre a mayo. **Altura:** 3 a 4 m.

Descripción: este pequeño árbol adquiere de forma natural un porte redondeado, ramificado y equilibrado. Su follaje, más coriáceo que el de otros cítricos, le permite resistir mejor los riegos irregulares. Consuma sus frutos enteros, con la piel.
Cultivo en maceta: este pequeño cítrico es excelente para cultivar en macetas, que podrá poner en terrazas o en galerías. Si está al abrigo, vigile la presencia de cochinillas y trate con un aceite blanco. Tras la recolección, pince los extremos de los tallos para incitarle a ramificarse.

➤ CONVIENE SABER: *los frutos son redondos en* F. japonica *y ovales en* F. margarita.

Limonero

Citrus limon

Origen: India, Cachemira. **Rusticidad:** –5 °C. **Periodo de floración:** todo el año. **Periodo de recolección:** todo el año. **Altura:** 2 a 5 m.

Limonero

Descripción: el limonero es un árbol pequeño de hojas perennes, anchas, brillantes, provistas de un peciolo espinoso. Las floraciones se suceden todo el año, pero la de primavera es la más abundante. Este frutal puede resultar generoso en climas templados.
Cultivo en maceta: este cítrico se desarrolla bien en macetas. Cuando su forma se haga irregular y la copa se aclare, pode en la madera vieja, incluso de forma severa, para incitarle a ramificarse.

➤ CONVIENE SABER: *el limonero 'Meyer' es más resistente al frío (–11 °C).*

Naranjo

Citrus sinensis

Origen: China. **Rusticidad:** -4 a -5 °C. **Periodo de floración:** marzo-abril. **Periodo de recolección:** finales de noviembre. **Altura:** 3 a 6 m.

Descripción: las ramas espinosas del naranjo presentan anchas hojas coriáceas, de color verde oscuro, muy aromáticas cuando se frotan. La copa tiene un porte redondeado y compacto. Los frutos, voluminosos, son muy decorativos y deliciosos.

Cultivo en maceta: no lo cultive en la atmósfera seca de los apartamentos. En invierno, es preferible que lo ponga en una galería, entre 6 y 12 °C. Traspántelo a un mantillo para cítricos, cada 2 o 3 años únicamente; entre tanto, sustituya la tierra en febrero. Échele abono en primavera.

➤ CONVIENE SABER: *la naranja amarga es el fruto de otro cítrico ornamental, el naranjo amargo.*

Mandarino

Citrus reticulata

Origen: China, Filipinas. **Rusticidad:** -5 °C. **Periodo de floración:** abril-mayo. **Periodo de recolección:** octubre a diciembre. **Altura:** 5 a 8 m.

Descripción: árbol pequeño de hojas verde oscuro, alargadas, y de follaje denso.

Cultivo en maceta: no presenta ninguna dificultad. Escoja un recipiente de al menos 40 cm de lado, coloque en el fondo una capa de 5 cm de grava para el drenaje y use un sustrato ligero, porque al mandarino no le gusta que el agua se acumule. Tanto en maceta como en el suelo, durante la poda de finales de invierno suprima los retoños y airee el centro del árbol.

➤ CONVIENE SABER: *el mandarino 'Satsuma' es mucho más rústico (–11 °C).*

Naranjo amargo espinoso

Poncirus trifoliata

Origen: China, Corea del Norte. **Rusticidad:** –10 a –12 °C. **Periodo de floración:** abril-mayo. **Periodo de fructificación:** comienzo del verano. **Altura:** 2 a 3 m.

Descripción: el naranjo amargo espinoso sirve de portainjerto a otros cítricos. Sus pequeños frutos redondos, duros y aterciopelados no son comestibles, pero es muy decorativo, incluso siendo caduco. Su buena resistencia al frío permite utilizarlo en muchas zonas, incluso como seto defensivo, bajo o medio: sus temibles espinas disuaden a cualquiera.

Cultivo en maceta: es sensible a la clorosis férrica debida a la presencia de caliza. Trasplántelo a una mezcla compuesta por la mitad al menos de tierra de brezo para que conserve un bello aspecto.

➤ CONVIENE SABER: *recientemente, la variedad 'Flying Dragon' ha hecho su aparición en jardinería.*
Este pequeño arbusto, ideal para el cultivo en maceta, puede alcanzar 2,5 a 3 m en plena tierra.
Es tan resistente como el tipo. Con sus hojas verde claro en primavera, las numerosas flores grandes en verano y los frutos pequeños en otoño esta variedad no deja de sorprender todo el año.

Naranjo enano

Citrus mitis

Origen: China. **Rusticidad:** 0 a 2 °C. **Periodo de floración:** mayo-junio. **Periodo de fructificación:** septiembre-octubre. **Altura:** 1 a 3 m.

Descripción: es, sin duda, el cítrico mejor adaptado al ambiente seco de las estancias con calefacción. Tiene un porte compacto, en forma de bola, y un follaje lustroso de forma natural. A lo largo de todo el año, pequeñas flores perfumadas y frutos redondos (no comestibles) de algunos centímetros de diámetro se suceden sin descanso.

Cultivo en maceta: colóquelo cerca de una fuente de luz y, en el interior, pulverice su follaje todas las semanas. Aporte un abono en el riego, porque su crecimiento no conoce respiro. En cuanto empiece el buen tiempo, sáquelo para que recupere su vigor.

Pomelo

Citrus paradisi

Origen: Antillas. **Rusticidad:** -3 °C. **Periodo de floración:** abril-mayo. **Periodo de recolección:** noviembre-diciembre. **Altura:** 3 m.

Descripción: el pomelo es un árbol pequeño de copa redondeada y ramas levantadas, ligeramente lloronas. Sus anchas hojas brillantes y lustrosas son decorativas por sí mismas. Ofrece grandes frutos pesados y numerosos, de un color amarillo vivo.

Cultivo en maceta: este árbol se cultiva muy bien en maceta, pero tiene que estar a gusto. Póngalo en un contenedor de 40 cm de lado con un mantillo especial para cítricos, enriquecido con 15-20% de estiércol. Deje que pase frío en invierno, entre 7 y 10 °C, porque el pomelo no es una planta de interior.

➤ CONVIENE SABER: *a menudo se confunden pomelos y pamplemusas; éstas últimas no son comestibles.*

Los olivos

El olivo, símbolo del Sur

Considerado inmortal, el olivo es el árbol de la longevidad porque no para de crecer a partir de un tocón; de hecho, se conocen ejemplares milenarios por toda la cuenca mediterránea. Incluso hoy en día, está ligado al benigno clima mediterráneo del perímetro del *Mare Nostrum* y nos trae a la memoria las vacaciones y el reposo indispensable impuestos por nuestro trepidante ritmo de vida. Es, sin duda, por estas razones, ancladas en el inconsciente colectivo e individual, por lo que este árbol ha pasado, en pocos años, a los jardines, pero también a las terrazas y los balcones, lo vemos por todas partes, en respuesta a la demanda de bienestar de los jardineros.

En su zona de origen, se utiliza como árbol ornamental, pero a menudo el deseo de conseguir una pequeña cosecha «casera» es el motivo por el que se elige. En este caso, es necesario escoger cuidadosamente la variedad, cuidar la planta, practicar una poda de fructificación precisa y tratar contra las enfermedades y los parásitos.

Todas las indicaciones agronómicas útiles ocuparían una obra dedicada por entero al olivo (existen algunas muy buenas). En esta guía nos centraremos, sobre todo, en el cultivo en maceta con fines decorativos, para un público más amplio, a fin de que cada uno pueda realizar su pequeño sueño.

Olivo

Olea europaea

Origen: cuenca mediterránea. **Rusticidad:** -7 a -10 °C. **Periodo de floración:** abril a junio. **Periodo de recolección:** septiembre a enero. **Altura:** 5 a 9 m.

Descripción: este árbol venerable crece lentamente, proporciona una madera dura y nudosa, tiene hojas pequeñas, plateadas, y frutos ovales, comestibles después de aliñados o transformados en un aceite delicioso y lleno de beneficios para la salud. Su zona de cultivo se extiende por todo el perímetro mediterráneo con un límite impuesto por el frío: no se desarrolla en las regiones donde las temperaturas invernales descienden por debajo de -10 °C. Es un árbol habituado a la rudeza de tierras pobres y llenas de piedras, pero agradece una buena fertilización orgánica y teme el exceso y la acumulación de agua.

El olivo en maceta

Fuera de su zona de cultivo, el olivo puede vivir muy bien en una maceta. De todos modos, no sueñe con obtener una cosecha de aceitunas; limítese, simplemente, a decorar una terraza o un balcón, disfrutando de la presencia relajante y llena de serenidad de este extraordinario árbol.

Las presentaciones disponibles en el comercio son múltiples, y escoger una forma u otra es cuestión de gusto personal, ya que los cuidados serán idénticos para todas.

Olivo en maceta

• Las pequeñas plantas, de hasta 2 m de altura, pueden presentarse en forma de mata, más o menos densa según las variedades; es preciso forzarlas a ramificarse para que conserven su bella silueta.
• Algunos ejemplares están formados en tronco bajo, tronco medio o tronco; su copa ramificada se encuentra, entonces, en el extremo de un pequeño tronco derecho.
La fuerza del tronco aparece en la etiqueta, que indica su circunferencia. Por ejemplo, un tronco de 10/12 tiene una circunferencia comprendida entre 10 y 12 cm.

La elección del contenedor
El olivo va a pasar varios años en el mismo contenedor, por tanto, tómese su tiempo para escoger. Debe ser de gran tamaño, es decir, con un diámetro casi igual al de la copa del árbol. Todos los materiales valen, pero teniendo en cuenta la estética, elija un gran recipiente de barro cocido, natural o barnizado, de acuerdo con sus orígenes mediterráneos, o un gran macetero cuadrado o redondo de madera barnizada.
Evite las bandejas de reserva de agua, porque el olivo teme, sobre todo, tener las raíces encharcadas. Piense en el peso definitivo de la planta en su maceta y opte por un sistema de ruedecillas, muy práctico para meter las plantas grandes en invierno.

• Los ejemplares de más edad (entre 20 y 30 años), más estructurados, se presentan en contenedores de 55 a 110 litros.
• Las formas más sorprendentes han hecho su aparición en estos últimos años. Se pueden adquirir pequeños olivos en jardineras, en empalizadas...
• Por último, los bonsáis de olivo nos permiten acercarnos a este símbolo de eternidad en un pequeño espacio. Pero tenga en cuenta que bajo esta presentación, el olivo sigue siendo una planta de exterior y no una planta de apartamento; por tanto, sáquelo lo antes posible del ambiente cerrado de su piso.

Escoger el olivo adecuado

La elección de la variedad es primordial para el cultivo en plena tierra, pero poco importante para una planta de decoración. Sin embargo, algunas reflexiones antes de la compra le permitirán tener de su lado todas las ventajas. El objetivo es formar una planta densa y equilibrada; a partir de ahí, todas las variedades valen, pues usted aprenderá a ser un maestro en la poda de formación. Sin embargo, dos variedades que pro-

Aceitunas 'Bouteillan'

vienen de Italia son más ramificadas de forma natural: 'Cipressino', bautizado también 'Pyramidalis', y 'Frangivento', que se utiliza para hacer pequeños cortavientos.
Son clásicos en todas las tiendas de jardinería cuando llega el otoño y la primavera. Si puede elegir, piense en las variedades más resistentes al frío, como 'Anglandau', 'Frantoïo' o 'Bouteillan', disponibles en todas partes. Por otro lado, en algunas regiones, también podrá encontrar variedades locales.
Algunos olivos son especialmente resistentes a los parásitos y las enfermedades, factor muy importante para el cultivo en maceta. Elija las variedades 'Anglandau', 'Verdale', 'Picholine' o incluso 'Bouteillan'.
Por último, ¿qué sería de un olivo sin sus aceitunas? Su siguiente objetivo, pensando en la decoración, será conseguir algunos frutos. En su momento, tendrá que realizar algunas tareas específicas en este sentido, pero opte preferentemente por variedades que se autofecundan, como 'Anglandau' o 'Frantoïo'.

Dominar la poda

Rigurosamente indispensable para el cultivo en el jardín, la poda sirve para formar la planta y para preparar la producción de frutos. En el cultivo en maceta, se simplifica a una única labor destinada a formar un pequeño árbol de bonito aspecto y a producir algunas aceitunas.
Durante todo el periodo de crecimiento, airee el centro de la copa, quitando las ramas que salen en vertical o que se cruzan. Favorezca la circulación del aire porque así limitará el desarrollo de parásitos y logrará que los rayos del sol se cuelen mejor entre las ramas. Suprima todos los renuevos, esas pequeñas ramas verticales que nacen en la base de la planta. Pince todos los extremos de las ramas para que nazcan nuevas ramificaciones y para dar densidad al ramaje. Tenga cuidado de no comprometer la producción de frutos. Sepa que las flores aparecen a mediados de la primavera, entre abril y junio, para dar aceitunas maduras entre septiembre y diciembre. Corte selectivamente con la podadera: los frutos aparecen sobre las ramas del año anterior, y una rama que haya fructificado no tendrá más fruto.

Enfermedades, parásitos y tratamientos

Las enfermedades y los parásitos son bastante numerosos en el olivo, sin embargo, afectan poco a los ejemplares cultivados en contenedores.
En primer lugar, vigile y combata las cochinillas. Se presentan en dos formas: las cochinillas al-

Trate de forma preventiva aplicando en primavera un insecticida y un producto contra las cochinillas.

godonosas, que forman un depósito blanco, algodonoso, en la axila de las ramas pequeñas; y las cochinillas negras, que tienen el aspecto de pequeños escudos coriáceos en el reverso de las hojas. Combata la plaga desde los primeros síntomas con la ayuda de un producto a base de aceite blanco.

Cochinilla algodonosa

Las cochinillas negras parecen pequeños escudos coriáceos en el reverso de las hojas. Trate desde los primeros síntomas.

Cochinillas, pulgones y otros insectos producen exudados muy dulces sobre los cuales se desarrolla la fumagina. Se traduce en un depósito de polvo de color negro que recuerda al hollín. Desde las hojas, alcanza las ramas y luego el tronco. Esta pantalla negra impide que se realice la fotosíntesis y hace que la planta se marchite. Trate la causa aplicando un insecticida y un producto contra las cochinillas.

La verticilosis está provocada por un hongo, *Verticillium dahliae,* que provoca el marchitamiento rápido del olivo. Las hojas comienzan por enrollarse sobre sí mismas, luego se oscurecen y terminan cayéndose. En maceta, la causa puede estar en un exceso de agua.

Finalmente, desde hace unos años un nuevo enemigo ha hecho su aparición; se trata de *Metcalfa pruinosa,* un insecto chupador y saltador, muy polífago, presente en cantidad de árboles y arbustos, entre ellos el olivo. En el primer estadio de la plaga, se forma un depósito algodonoso en el reverso de las hojas y en las ramas, que alberga a los insectos. En el segundo estadio descubrimos la presencia de pequeños insectos de color gris con el caparazón puntiagudo, semejantes a saltamontes en miniatura. Hasta el momento, ningún tratamiento ha conseguido detener esta plaga. Lo único que se puede hacer es limpiar la planta con la ayuda de un chorro de agua antes de que se vean los insectos.

Metcalfa pruinosa: primer estadio

Metcalfa pruinosa: segundo estadio

La protección contra el frío

Las plantas cultivadas en maceta están más expuestas a los rigores del frío que los olivos que crecen en plena tierra. Por tanto, fuera de su zona natural, deberá proteger su olivo ante la llegada del invierno.

En las regiones más frías, la única solución es meterlo en una estancia protegida del hielo o, como mucho, expuesta a temperaturas negativas pasajeras de –5 °C aproximadamente. Una galería o un garaje resolverán el problema. Reduzca los riegos, ya poco abundantes, para mantener la tierra sólo húmeda hasta que vuelva la primavera.

En las regiones intermedias, bastará ganar algunos grados para pasar el bache. Eche un estiércol caliente, en vías de descomposición, en toda la superficie de la maceta y tenga mucho cuidado con los riegos, para no quemar las raíces. Un riego moderado cada 15 días será suficiente. Cubra toda la planta y su maceta con una malla para protegerlas del frío, dando tres vueltas para conseguir un buen aislamiento.

Cubra la planta con una malla contra el frío.

Plantas trepadoras

Bignonia rosa

Podranea ricasoliana. Syn.: *Bignonia rosea*

Origen: África del Sur. **Rusticidad:** –8 a –10 °C. **Periodo de floración:** agosto a noviembre. **Altura:** 8 a 10 m.

Descripción: esta especie perenne en los climas templados, caduca en las zonas más frías, desarrolla ramas sarmentosas muy vigorosas que tienen hojas parecidas a las de otras bignonias. A finales del verano, magníficos racimos terminales reúnen numerosas flores estriadas de rosa oscuro.

Cuidados: prefiere el sol directo y el calor (aunque tolera la media sombra), y un suelo rico y húmedo, aunque se acomoda a periodos de sequía rigurosos pero pasajeros. A finales del invierno, pódela corta, como todas las bignonias, dejando tres yemas en la base de los sarmientos.

Utilización: sujete esta vigorosa liana a una empalizada y cubra grandes extensiones de fachadas expuestas al sur y al abrigo de vientos fuertes. Sus largas ramificaciones son flexibles; deje que desborden y caigan por encima de los muros.

Cultivo en maceta: utilice una tierra de jardín a la que deberá añadir un tercio de estiércol descompuesto. Coloque la planta a lo largo de un muro y guíe los tallos al comienzo. Riegue con regularidad.

Ficus trepador

Ficus pumila

Origen: Japón, China. **Rusticidad:** zona 9. **Periodo de floración:** pequeños higos en septiembre. **Altura:** 2 a 3 m.

Descripción: esta planta rastrera está provista de zarcillos que le permiten fijarse sobre cualquier soporte que encuentre. Ella misma se acoda, y así cubre grandes extensiones. Las hojas, perennes, son pequeñas, brillantes. Cuando envejecen, dejan sitio a hojas más grandes y más coriáceas, en una madera sarmentosa que recuerda a la de las glicinias.

Cuidados: este ficus se desarrolla bien tanto a pleno sol como a media sombra o a la sombra, pero siempre en un suelo rico y permanentemente húmedo.

Utilización: vista con él los muros de piedra, las escaleras e incluso fachadas enteras.

Cultivo en maceta: este ficus se ofrece en los centros de jardinería en la sección de plantas de interior, a menudo con un tutor de musgo. Prospera en un mantillo para plantas verdes al que se añade un cuarto de tierra de brezo. Trasplántelo todos los años y vigile los ataques de arañas rojas. Riegue cada 3 días, pero tenga cuidado para que no se acumule agua en el fondo del plato.

Jardines de Monet

Jazmín

Jasminum spp.

Origen: China. **Rustícidad:** -5 a -15 °C. **Periodo de floración:** marzo a septiembre, según las especies. **Altura:** 3 a 5 m.

Descripción: existen más de 200 jazmines diferentes; algunos son arbustos o plantas vivaces, pero los más interesantes son las especies trepadoras. Estos arbustos, perennes o caducos, crecen hasta varios metros gracias a sus tallos, delgados pero coriáceos y sarmentosos. Las flores, a menudo blancas, son olorosas.
Cuidados: los jazmines soportan la sequía pero prefieren los riegos ocasionales, los suelos ricos y los rayos del sol. Al comienzo de la primavera, haga una poda ligera para fortalecerlos. Tienen la ventaja de que no producen mucha madera muerta, al contrario que las madreselvas.
Utilización: cubra con jazmines las pérgolas, las verjas, los postes, los cerramientos y los cenadores para aportar sombra y perfume al jardín. En los centros de jardinería, sólo la etiqueta «jazmín» asociada al perfume que despide la planta basta para aumentar las ventas. Por tanto, es útil identificar bien la especie, porque cada una tiene unas características particulares. *J.* x *stephanense,* con jóvenes brotes dorados, es uno de los más resistentes (-12 a -15 °C) junto con *J. officinale* (-12 °C). Muy distinto es *J. azoricum,* de follaje brillante, mucho más frágil (-5 °C). *J. polyanthum* es, sin duda, uno de los más perfumados: un único pie basta para extender un perfume pesado, casi mareante, pero hay que reservarlo para climas templados (-5 a -8 °C). Para terminar con los jazmines blancos, *J. sambac,* el jazmín de Arabia, de anchas hojas verde vivo y un perfume dulzón, es bastante friolero (-3 a -5 °C). No confunda *J. mesnyi* (syn. *J. primulinum*) con el jazmín de invierno (*J. nudiflorum*), los dos amarillos, porque el primero es claramente más frágil (-10 °C).
Cultivo en maceta: crecen más lentamente en maceta que en el suelo, porque entonces están limitados por el volumen de cultivo. Se aconseja trasplantarlos a contenedores de al menos 30 cm de lado. El sustrato de cultivo debe ser rico y aireado: estiércol descompuesto, tierra de jardín, arena y turba, a partes iguales. Riegue en abundancia y deje que la tierra se seque entre dos riegos. Al comienzo del verano, vigile los ataques de pulgones en los brotes jóvenes.

Mi consejo

Busque la variedad de hojas grandes del jazmín de verano, J. officinale *var. 'Grandiflorum', utilizado en perfumería.*

Kennedya

Hardenbergia comptoniana.
Syn.: *Kennedya comptoniana*

Origen: oeste de Australia. **Rusticidad:** zona 9. **Periodo de floración:** enero a marzo. **Altura:** 3 a 5 m.

Descripción: la kennedya forma una liana voluble, de crecimiento rápido. Sus hojas perennes son brillantes y lanceoladas. Sus flores pequeñas, de papilionáceas, se reúnen en pequeños racimos terminales de un bello color violeta profundo.
Cuidados: esta trepadora prolifera preferentemente en suelos ácidos, bajo el sol, incluso en suelos áridos y secos, y soporta bien la atmósfera de los jardines al borde del mar.
Utilización: es ideal para tapar vallas, adornar pérgolas y cubrir las celosías en un tiempo récord. Utilícela como planta colgante y póngala en lo alto de los muros de piedra, en muretes de contención o en taludes. Vista las piedras de las grandes rocallas, dejándola correr a ras de tierra. En una terraza, plántela al sur contra una pared abrigada y bien expuesta.
Cultivo en maceta: prepare una mezcla de tierra de jardín y tierra de brezo a partes iguales. Trasplántela a una maceta profunda, de 50 cm aproximadamente, con una capa de grava de varios centímetros, y coloque tres o cuatro pequeños tutores para guiarla al comienzo. Mantenga el sustrato de cultivo húmedo permanentemente. Meta la maceta en invierno a 5-10 °C.

Pasionaria

Flor de la Pasión. *Passiflora* spp. Syn.: *Tacsonia*

Origen: América del Sur. **Rusticidad:** zona 9. **Periodo de floración:** mayo a octubre. **Altura:** 5 a 8 m.

Descripción: más de 400 pasionarias están a disposición de los coleccionistas, pero unas pocas bastan para satisfacer a los jardineros aficionados.
Estas grandes lianas volubles de crecimiento muy rápido, cuando hace calor, son valoradas por la original belleza de sus grandes flores. Algunas incluso dan frutos comestibles.
Cuidados: *P. caerula* es la más rústica, ya que fructifica y puede ser cultivada en regiones frías. Pero la mayoría de las especies necesitan luz y calor para prosperar, y prefieren un suelo fértil y bien regado.
Utilización: su vigor permite adornar con ellas rápidamente cenadores, arcos y rejas. Colocadas junto a árboles y plantas grandes, pueden utili-

zarlos como soporte, hasta taparlos por completo y alcanzar la parte superior. También forman bellas caídas. Es preciso guiar las plantas jóvenes al comienzo, por lianas o tutores; más adelante, los numerosos zarcillos toman rápidamente el relevo y todo lo que está a su alcance les sirve para trepar.

Las pasionarias se ofrecen a menudo en pequeñas macetas y sobre arcos. Deshaga esta presentación y trasplante enseguida tras la compra. *P. antioquiensis,* de grandes flores de color rosa oscuro, y *P. quadrangularis,* de floración espectacular, no son muy difíciles de conseguir. Los golosos de regiones con clima templado podrán intentar el cultivo de *P. edulis* 'Flavicarpa', o *P. mollissima,* de frutos con sabor a plátano.

Cultivo en maceta: coloque una buena capa de grava de 10 cm en el fondo de una maceta de 40 cm de diámetro al menos. Trasplante a una mezcla rica de tierra de jardín, mantillo universal y arena, a partes iguales. Añada un 10% de un fertilizante a base de algas y de estiércol bien descompuesto para no quemar las raíces. Cambie de maceta cada 2 años solamente, pero realice una buena sustitución de tierra entre trasplante y trasplante. Mantenga la tierra húmeda desde la primavera al otoño y distancie los riegos en invierno (uno por semana será suficiente).

Mi consejo

Acolche, cubra o meta las pasionarias en invierno; en una palabra, protéjalas, porque unos pocos grados son determinantes.

Rosa banksiana

Rosa banksiae

Origen: China. **Rusticidad:** -12 a -15 °C. **Periodo de floración:** mayo-junio. **Altura:** 10 m.

Descripción: este rosal trepador, vigoroso, se distingue por no tener espinas. El follaje es perenne a semi-perenne. Crece formando largas ramas arqueadas de varios metros, que dan una gran ligereza a la copa. Las flores, amarillas o blancas, sutilmente perfumadas, tienen forma de pequeños pompones, dispuestos a lo largo de los tallos.

Cuidados: una buena tierra de jardín es ideal para este rosal que tiene las exigencias clásicas. Después de la floración, pode las ramas demasiado largas y los grandes retoños que se separen de la copa para controlar un crecimiento excesivo. Suspenda las podas en primavera para lograr una floración generosa.

Utilización: la rosa banksiana encuentra su sitio en cenadores y pérgolas.

Cultivo en maceta: puede cultivarlo en grandes recipientes, de 50 cm de altura y otro tanto de diámetro, pero nunca será tan vigoroso como en plena tierra. Elija un mantillo para rosales y eche una buena capa de grava en el fondo de la maceta para el drenaje. Es necesario ponerle un tutor y guiarlo por un pilar, por ejemplo. Riegue en el pie, sin salpicar el follaje.

Solano

Solanum jasminoides

Origen: Brasil. **Rusticidad:** -10 °C. **Periodo de floración:** mayo a octubre. **Altura:** 8 m.

Descripción: planta trepadora muy voluble, de crecimiento rápido y vigoroso. El follaje es perenne a semi-perenne. Al final de la primavera aparecen racimos de pequeñas flores simples con el centro amarillo y los pétalos azul cielo *(S. jasminoides)* o blanco puro *(S. jasminoides* 'Album').
Cuidados: el solano prefiere lugares soleados y en media sombra. Soporta los vientos moderados y las sequías pasajeras. Una simple tierra de jardín le basta, y no conoce enemigos ni parásitos.
Utilización: plántelo junto a alambradas, muros, rejas, pérgolas y cenadores, y sujete las jóvenes ramas porque no tienen ningún sistema de agarre. Utilícelo también para formar cascadas de flores en las rocallas, en forma libre.
Cultivo en maceta: el cultivo en maceta es un medio de contener su exuberancia. Si se trasplanta a un buen mantillo para geranios y se alimenta con un abono para plantas de flor, puede cultivarse como una planta de flor, muy vigorosa, pero muy decorativa por su ligereza. Guíela en altura y vista su pie con petunias, verbenas o bidens para el verano.

Trachelospermo

Trachelospermum jasminoides.
Syn.: *Rhynchospermum jasminoides*

Origen: China. **Rusticidad:** -12 a -15 °C. **Periodo de floración:** mayo a julio. **Altura:** 6 a 9 m.

Descripción: planta trepadora sarmentosa, de hojas perennes, ovales y coriáceas, brillantes, de un bonito color verde oscuro que vira al rojo por efecto del frío. Produce numerosas flores pequeñas blancas en hélices. Llama la atención por la intensidad de su perfume, dulce y persistente: un solo pie basta para perfumar un jardín.
Cuidados: este jazmín soporta la sequía, pero prefiere claramente riegos regulares. Colóquelo a pleno sol si desea conseguir una floración perfecta. En media sombra, está lejos de decepcionar y destila su penetrante fragancia. La poda debe ser ligera, al final de la floración y en febrero.
Utilización: el trachelospermo enrolla sus ramas jóvenes y volubles a través de las alambradas, alrededor de las verjas, de celosías y de tutores. Empléelo para realizar un cenador perfumado, una valla, para vestir un muro...
Cultivo en maceta: puede pasar varios años en una gran maceta con un mantillo universal, bien drenado. Sustituya la tierra superficial todos los años en invierno, e incorpore un estiércol bien descompuesto o en gránulos.

Índice

Los números en negrita hacen referencia a las ilustraciones.

C

D

E

N

O

P

V

W-Y-Z

Créditos fotográficos

Clave: *ad* = arriba derecha, *ai* = arriba izquierda

Todas las fotos son de Serge Schall, salvo las de la p. 16 (detalle), 25 ad, 33 ai, 42, 46, 47 (detalle), 56, 58 (detalle), 60 (detalle), que son de Jacques Boulay.